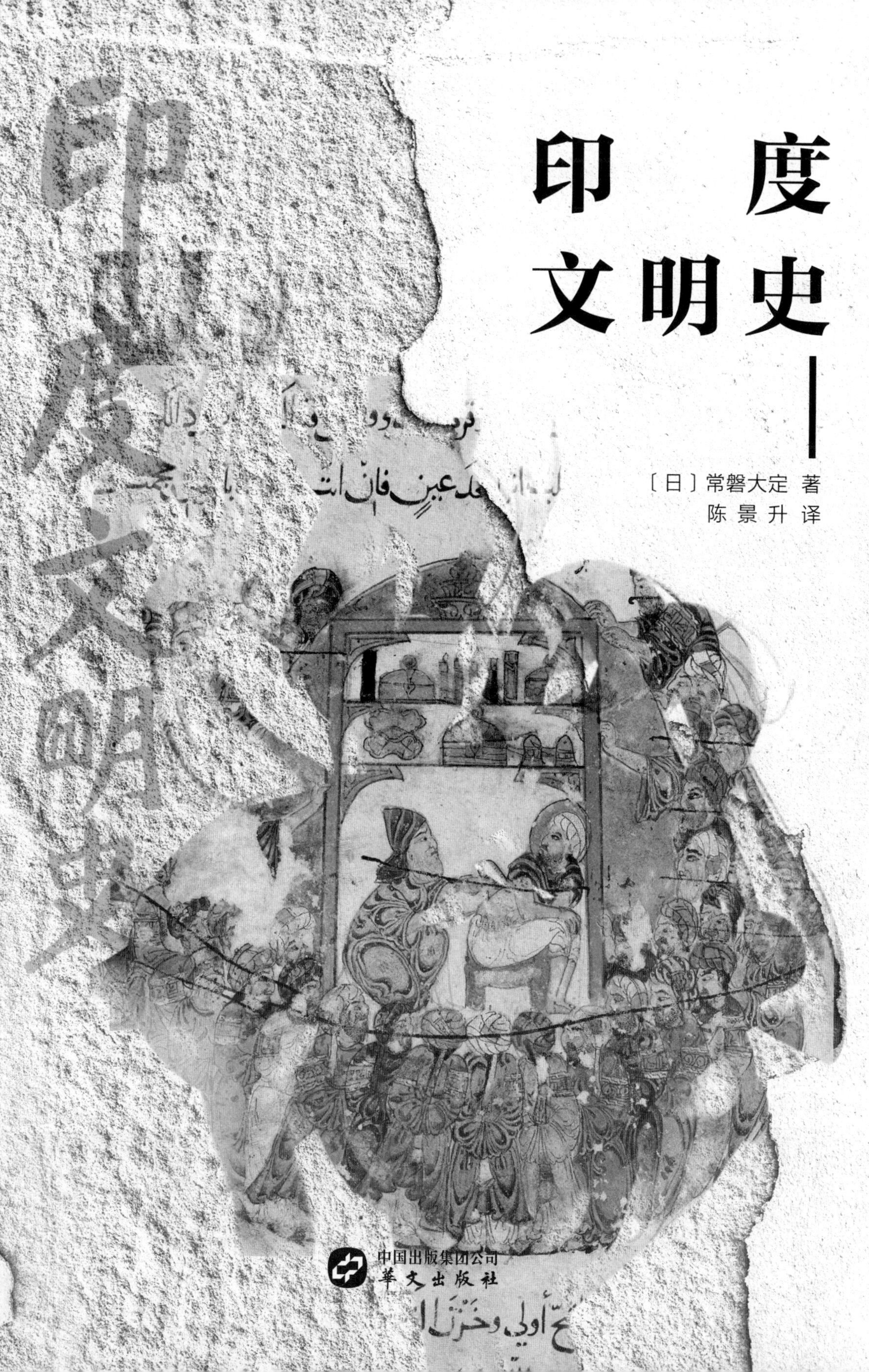
印度文明史
〔日〕常磐大定 著
陈景升 译
中国出版集团公司
華文出版社

图书在版编目（CIP）数据

印度文明史 / (日) 常磐大定著 ; 陈景升译. -- 北京 : 华文出版社, 2019.5

（华文全球史）

ISBN 978-7-5075-5098-6

Ⅰ. ①印… Ⅱ. ①常… ②陈… Ⅲ. ①文化史—印度 Ⅳ. ①K351.03

中国版本图书馆CIP数据核字(2019)第055754号

印度文明史

作　　者: [日] 常磐大定
译　　者: 陈景升
选题策划: 华文盛世
插图供应: 029—85504182
责任编辑: 陈红升
出版发行: 华文出版社
社　　址: 北京市西城区广外大街305号8区2号楼
邮政编码: 100055
网　　址: http: / / www.hwcbs.com.cn
电　　话: 总编室010—58336239
　　　　　发行部010—58336212
经　　销: 新华书店
印　　刷: 三河市国英印务有限公司
开　　本: 710 × 1000　1 / 16
印　　张: 18.5
字　　数: 267千字
版　　次: 2019年5月第1版
印　　次: 2019年5月第1次印刷
标准书号: ISBN 978-7-5075-5098-6
定　　价: 92.00元

序 言

西方对印度的研究始于 18 世纪，虽然时间不长，但研究进步的显著程度却让人为之一惊。有关印度的著作也不少，其中对印度文明做了综合介绍的是罗梅什·琼德尔·杜特的《印度古文明史》。本书是以罗梅什·琼德尔·杜特的著作为中心，同时参考了大量相关书籍，对不足的部分进行了增补后完成的。主要的参考文献如下所示：

罗梅什·琼德尔·杜特所著《古印度文明》

威廉·威尔逊·亨特所著《莫卧儿帝国》

莫尼尔·威廉所著《印度智慧》

阿尔布雷希特·弗里德里希·韦伯所著《印度文学史》

约翰·道森所著《印度神话词典》

奥古斯特·巴斯所著《印度宗教》

麦克斯·穆勒所著《印度哲学的六大系统》

李斯·戴维斯所著《佛教》

李斯·戴维斯所著《佛学对话录》

赫尔曼·奥尔登贝格所著《佛学》

保罗·安布鲁瓦兹·毕冈迭特所著《乔达摩》

以上只列举了西方的著作，对来自佛教藏经中的参考书目就此省略。

印度是有名的没有历史的国家，所以研究印度文明史实在不是一件容易的事。作者这些年来致力于印度文明史的研究，自认为有了一些心得体会，于是就写了这本书，将自己多年的心得体会公诸于世。这本书并不是完美的，其中肯定还有许多不足之处。本书只是对印度文明史做了一个概括性的介绍，从这一点来看，如果能对读者有那么一丁点的帮助，作者便深感欣慰了。

正如绪论部分提到的那样，印度文明史可以分为五个时代。本书详细描述了前三个时代，对于后两个时代，只是做了简要的介绍。如果本书侥幸没有出现重大错误的话，日后一定另起篇幅详细描述后两个时代。

印度不仅是亚洲的先进国家，还是世界文明的先驱。从人种来看，印度人和西方各国的人属于同一人种；从思想来看，印度文明又包含在整个亚洲范畴之内。这就是让世界各国学者不辞辛劳地研究印度文明史的原因，深受两千年来佛教文化熏陶的日本学者对印度文明史更是情有独钟。研究印度文明史似乎没有什么实用性，其实并非如此。相关内容已经在绪论部分做了充分的说明，在此作者就不再赘述了。

明治三十九年七月[①]

写于小石川白山

① 即 1906 年 7 月。——译者注

目录

第2篇　梵书时代
经典文学的创作和种姓制度的诞生

第 3 篇　教派学派兴起
全印时代的到来

第 4 篇
黑暗时代来临前的印度文明

绪论：印度文明概述

第 1 节 印度文明的特色

印度是位于南亚的半岛国家，现在是英国的殖民地。国破山河在，到了春天，城里娑罗树的颜色依旧很浅，就像印度文明一样，在人类文明史上显得无足轻重。不过，随着对印度文明研究的不断深入，就会发现印度文明史占据了人类文明史中非常重要的位置。因为属于同一人种，印度的语言与西方各大洲的语言是一脉相承的；因为有宗教作为媒介，印度的思想又传播到了亚洲各国。印度三千年的文学详细记录了雅利安民族的发展轨迹。三大宗教、六派哲学的出现更是人类精神世界发展的里程碑。印度研究作为一门新兴学科兴起于 18 世纪，引起了学者们极大的兴趣，研究发展的速度之快令人惊叹不已。

研究印度文明，首先需要注意的是该文明产生的背景。在印度北方，有印度“长城”[①] 这一天然的屏障，使印度与其他国家的交流少之又少，形成了印度独有的一片天地。公元前 4 世纪末，在亚历山大大帝侵略印度西北部时，不受外国影响独立发展起来的、具有印度特色的文化已经达到最高峰。近代成为英国殖民地前，即使受到外来文化的影响，印度还是保持了原有的具有民族特色的文化。语言、文学、宗教、仪式和风俗习惯等都可以追溯到四千年前。像这样的国家，除了印度也就只有中国了。拥有这样悠久历史的印度，

① 指位于印度北部的昆巴哈尔堡。——译者注

保留了许多和其他国家迥然不同的风俗习惯。譬如：一、一般人早已不再使用梵语，但有学识的僧侣还是用梵语进行口头交流和书面写作。这一状况就跟公元前几个世纪的状况一模一样。即使引进了印刷术，僧侣们还是保留着古代的传统——手抄梵语的经典。可以说梵语还依然活在文学的世界里。二、和亚历山大大帝侵略印度前一样，僧侣们还是保留着背诵吠陀[①]的习惯。因此，就算抄写的经典悉数被烧毁，据说僧侣们也能一字一句、原原本本地背诵出来。这也是一件令人惊叹不已的事。三、关于日天赞歌的创作可以追溯到非常久远的年代。这些赞歌现在在日常的祭拜中还依然被世人诵读着。最初作为日天别名的毗湿奴如今也依然为世人所膜拜，随处可见日天的皈依者。四、用两棵“树”[②]摩擦取火的风俗可以追溯到史前，如今该方法依旧保持不变，并成为获取圣火的唯一方法。综上所述，这么多传统都以原样保存至今。我们能清楚地追踪到这些传统演变的痕迹。这种情况简直史无前例。因此，世界各地的学者们对印度最古老的吠陀文学保持着高度的关注。

毗湿奴（Vishnu）是印度教主神中的守护神

① 公元前1000年到公元前500年印度编纂的一系列宗教文章的总称。“Veda”是“知识”的意思。——译者注

② 在印度，“树”（Arani）指钻火的工具。——译者注

第 2 节　印度文学概况

众所周知，吠陀的内容非常丰富，蕴含了世界上独一无二的古代思想，展现了人心发展的轨迹。这就是研究吠陀的乐趣所在。特别是，成了印度各教派学派起源的奥义书中的哲学，更是让亚瑟·叔本华为之陶醉。亚瑟·叔本华大呼奥义书中蕴含的真和美就是他生前的安慰、死后的慰藉。

印度文明在各个领域都是出类拔萃的，特别是在宗教和哲学方面更是卓绝不凡。在宗教领域，除了波斯人、希腊人、缅甸人、凯尔特人、斯拉夫人和日耳曼人，其他雅利安民族都只是照搬了其他民族的信仰，毫无自己独创的学说。印度不仅是伟大的国民教派婆罗门教的发源地，而且是世界级的伟大宗教——佛教的发祥地。在哲学领域，印度很少和其他国家交流，仅凭自己的力量就成立了各种各样的教派、学派。其中最引人注目的是号称与毕达哥拉斯有着历史渊源的数论派，和号称印度哲学精华的吠檀多派。翻开世界文明史，绚丽多彩的历史让人为之动容，特别是研究古代印度、希腊和中国的文明史，最能够让人体会到研究的乐趣。因为这三个国家的文明史既不同于世界其他国家，又几乎同时产生并迅速发展。

在文学领域，印度有号称世界第一的长篇叙事诗《摩诃婆罗多》和超长篇的《罗摩衍那》。《摩诃婆罗多》以实战的记忆为框架，通过描写主人公阿

婆罗门教标志　　佛教标志

周那王子，歌颂了处于民族崇拜中心的天帝；《罗摩衍那》通过描写化身为罗摩王子的天帝，保护田埂化身的悉多公主的故事，讴歌了天帝将农业活动传播到全印度的伟大事迹。世人无不对印度古代诗人丰富的想象力感到惊叹。在戏曲领域，印度有号称“印度莎士比亚”的迦梨陀娑。他的一曲《沙恭达罗》让德意志的约翰・哥特弗雷德・赫尔德和约翰・沃尔夫冈・冯・歌德叹为观止。约翰・沃尔夫冈・冯・歌德作诗赞颂《沙恭达罗》道：“春华瑰丽，亦扬其芬；秋实盈衍，亦蕴其珍。悠悠天隅，恢恢地轮；彼美一人，沙恭达罗。”

在寓言领域，佛教文学中的《本生经》构思的巧妙可以说是举世无双。后世婆罗门教徒将《本生经》改编为《五卷书》和《嘉训》，并奉为自家的教义。通过《伊索寓言》和《一千零一夜》的广为流传，再借以法国文豪让・德・拉・封丹[①]之手，《本生经》中的很多故事都成了欧洲寓言的原型。

在其他领域，从数学、天文学、医学，到犍陀罗式建筑，印度都与西欧有着某种特殊的联系，其中有很多值得学者们研究的地方。特别是《摩奴法典》和《帕尼尼语法》，这两部作品各自作为世界独一无二的宝典，被世人视如珍宝。这两部作品的水平之高，据说曾让当时的学者一读三叹。

在政治领域，从远古时期波斯的大流士一世侵略印度西部到马其顿的亚历山大大帝再次侵略印度西部，直至近代蒙古民族的侵略，印度古文明几乎消失殆尽。雅利安人多次遭到外来势力的入侵，虽然屈服于外来势力的淫威，但在思想方面仍然守护住了古文明的闪光之处。雅利安人先天继承了来自祖先的善良基因，再加上后天一代代克己勤勉的努力，印度文明终得以代代相传。时至今日，婆罗门依旧享有古代婆罗门作为优秀种族的美名。这也是十分罕见的。印度文明其实就是婆罗门智慧和汗水的结晶。

第 3 节　印度文学的缺点

印度文学存在巨大的缺点，那就是历史的不完整性。严格来说，印度是

① 让・德・拉・封丹（Jean de La Fontaine，1621—1695），17 世纪法国诗人，以伊索寓言为基础创作了《拉封丹寓言》。其中有北风和太阳的故事。——译者注

一个完全没有历史的国家。印度史实全部消逝在了无穷无尽的黑暗中。我们对印度文明钻研得越深入，就越觉得仿佛坠入五里雾中，彷徨而不知所措。根据着眼点的不同，史实可以被捏造，也可以被掩盖，这种情况非常之多。譬如，对于天才诗人迦梨陀娑所处年代的推测，各家各执一词，争论不休。不同观点间的时间差甚至长达一千年。经历了几个世纪的质疑和非议，学者们现在终于对该问题有了一致的看法。再譬如，关于历史最悠久的佛教，学者们对于释迦牟尼所处年代的推测就多达十种。最古老的年代和最近的年代间竟然有数千年的差别。此外，从马鸣、龙树到无著、世亲，从阿育王到迦腻色迦王，学者们都无法获得他们存在的准确年代。如果从历史的角度看待印度文学的话，人们一定会怅然若失，直到放弃研究。印度历史上的人物所处年代都只有一个模糊的范围。好在人们可以从文学的角度找到确定历史人物所处年代的方法。人们可以从文学作品中使用的语言形式、文体形态或者文章中被征引的内容出发，间接地推测出人物所处的年代。不过该方法的困难程度可想而知。如果是传记，人们就更无计可施了。个别情况下，人们可以通过综合两三个传说中对同一个人物的描述来推测其存在的年代。而且，印度文学作品中的描写惟妙惟肖，根本无法区分哪部分描写是实，哪部分描写是虚。归根到底，这些情况还是要依靠研究者自身的判断。印度被认为是没有历史的国家，是下面两个原因共同作用的结果：一、希腊发动了希波战争，罗马发动了布匿战争，这都激发了雅利安人的国民情怀。印度取消了部族，让所有人都成为国民。这让雅利安人可以不用考虑生存竞争的问题，在政事方面大放光彩。二、雅利安人中以教学为本职的婆罗门控制了人们的思想，成了至高无上的存在。人生百般皆是苦，皆是恶。为了远离苦恶，婆罗门对按年代记录史实丝毫不感兴趣。所以，公元500年前的印度历史可以说是一片空白，根本无从考证。

第4节　印度研究的影响

近代欧洲人从事印度研究仅有一百五十年，却凭借着他们天生坚韧不拔

《罗摩衍那》中的罗摩王子与悉多公主

反映《本生经》的唐卡

的精神出版了很多有意义的著作和译作。这些书的内容涉及各个领域。其中，孟加拉皇家亚洲学会出版的杂志以及《东方圣典丛书》《印度古学丛书》对学术界的影响极其广泛。近代没有哪一项研究可以像对印度的研究这样风靡一时。印度研究对学术界的主要影响有：通过研究梵语产生了最早的比较语言学，迎来了语言学研究的一个新纪元；研究吠陀产生了比较神话学，奠定了宗教学的基础；通过调查吠陀，追寻古代民族迁移的路线，人们探求到了人文史的发展进程——这对人类学、社会学等学科的影响都是不容小觑的；南传佛教的调查结果为研究佛教历史带来了光明。正如麦克斯·穆勒所言："若有人问我 19 世纪最伟大的发现是什么，我一定会用下面这个简短精辟的公式来回答：

Dyaush Pitar=Zeus Pater=Jupiter=Tyr①

麦克斯·穆勒还表示，19 世纪关于吠陀的研究成果实在太少，吠陀还有待 20 世纪的学者们进行深入研究。所以，他希望后来的学者都可以研究吠陀文化。

第 5 节 印度见闻录

印度最早为世人所知是从亚历山大大帝的东征开始的。在亚历山大大帝凯旋直至驾崩后，他原来的将领——后来的塞琉古一世曾派使节麦加斯梯尼出使中印的摩揭陀国②。回国后，麦加斯梯尼将自己在摩揭陀国的见闻写成书并公之于世，但世人都不相信书中的内容。麦加斯梯尼的书中记载的是公元前 400 年到公元前 300 年之间的事。因此，该书的现存版本对研究者来说可谓在世珍宝。其后，4 世纪末，中国的高僧法显长途跋涉到印度，后来创作了《佛国记》。7 世纪，玄奘通过陆路远赴天竺，对全印度进行了实地考察，在完成了对印度各个方面的细致调查后，写出传世之作《大唐西域记》。7 世纪

① 印度天神特尤斯、希腊众神之父宙斯、罗马主神朱庇特、北欧战神提尔，这些词其实都是同一个词根的变体，皆指"天空"。——译者注

② 即历史上的孔雀王国。——译者注

麦克斯· 穆勒（Max Muller，1823—1900）

玄奘

末，义净通过海路远渡天竺，后来创作了《南海寄归传》。这三位僧人的著作现今都保存在佛典中。在确认印度史实时，这些书都是人们最权威的参考资料。但大多数佛教徒都没有意识到这些书的真正价值，竟然是法国人阿贝尔·雷米萨翻译了《大唐西域记》和《佛国记》，使学术界大受裨益。后来《大唐西域记》越来越受到人们重视。印度研究者将该书视为权威典籍。在确认印度史实时，作者只参考希腊人的记录、中国高僧的著作，以及刻在石柱和岩石表面的阿育王法敕。当人们研究浩瀚的印度文学时，观察到的都是一些模糊不清的东西，根本无法确定关键的史实，实在是令人感到惋惜。

如前所述，读完《大唐西域记》并将该书的真正价值发挥出来的不是中国人，也不是日本人，而是西方人。起初，人们并不确定阿育王法敕的那些不明符号究竟是不是文字。将这些不明符号破译出来，并给历史带来光明的也是西方人。可以说西方人真的对印度研究呕心沥血。因此，有必要阐述一下近代印度研究的简史。

阿育王法敕上的不明符号

第 6 节 近代印度研究简史

进入 16 世纪，虽然有常驻印度的传教士断断续续地向西欧介绍印度的文化，但没能唤起人们研究印度的风潮。印度研究的风潮实际上是在 18 世纪后兴起的。源于当时的印度总督沃伦•黑斯廷斯[1]大力提倡印度文学的研究。此后，从事印度研究的学者就不断涌现，直至威廉·琼斯的出现，才最终奠定了印度研究的基础。威廉·琼斯翻译的沙恭达罗公主的戏曲和《摩奴法典》唤起了西欧对印度文明的高度关注。他经营的亚洲学会对研究印度的各个领域都做出了巨大的贡献。当时亚洲学会出版的杂志对现今研究印度文明的学者依然具有非常高的参考价值。

亨利•托马斯•科尔布鲁克追随威廉•琼斯，被人们称为“印度学大师”。亨利·托马斯·科尔布鲁克的研究涉及多个领域，研究的独特视角无人能及。

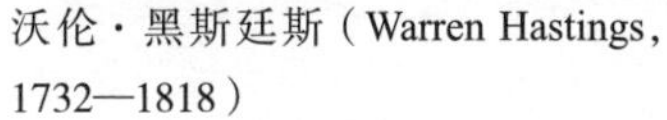

沃伦·黑斯廷斯（Warren Hastings，1732—1818）

威廉·琼斯（William Jones，1746—1794）

① 沃伦·黑斯廷斯（Warren Hastings，1732—1818），首任驻印度的英国总督。在任期间实行了重要的改革，喜欢印度的文学和艺术。——译者注

印度学兴起后，大师级的学者中总有他的一席之地。其后还有贺拉斯·海曼·威尔逊，他翻译了《毗湿奴往世书》。《毗湿奴往世书》现今依然是研究印度学的重要参考资料。以上三大家主要研究的都是后世的梵文学，对古老的吠陀古典文学均未涉及。同一时期，法国出现了一位大师，叫欧仁·比尔努夫。欧仁·比尔努夫在研究了布莱恩·霍顿·霍奇森[①]从尼泊尔收集回来的佛典后，著有《印度佛教史导论》，以尖锐的笔锋震惊了学术界。可以说西欧对佛教研究的萌芽要完全归功于这本书的影响。虽然后来也涌现出了一批批的学者研究佛教，写了很多关于佛教的著作，但《印度佛教史导论》这本书依然被世人奉为研究佛教的指南。欧仁·比尔努夫的研究主要是对大乘佛法进行了批判。当时还有一位叫詹姆斯·普林赛普的学者。他成功破译了不知道是文字还是花纹的不明符号，这些符号刻在当时在各地发现的石柱和岩石表面。詹姆斯·普林赛普确认这些不明符号是阿育王的敕令，通过研究阿育王的敕令最终确定了他生活的年代。詹姆斯·普林赛普还通过研究大夏的古钱，证实了月氏和大夏等国的历史，留下了永垂不朽的功绩。著名的考证家克里斯蒂安·拉森对上述大师们的研究结果进行了事无巨细的调查，写出了关于古代文物研究的巨作《印度考古》。从事古代研究的学者都将这本书奉为宝典。这也使得克里斯蒂安·拉森的名字永留青史。

德国人以其敏锐的洞察力，意识到了研究印度学的重要性，随即创立了比较语言学。先驱者是弗朗兹·博普，紧随其后的有格林兄弟和威廉·冯·洪堡。他们发现了梵语、波斯语、希腊语、拉丁语、斯拉夫语、条顿语和凯尔特语之间有着千丝万缕的联系，认为这些语言起源相同，是遵循着一定规则发展变化而来的，由此开创了语言学研究的新纪元。这应该是19世纪印度学研究最值得大书特书的发现了。

最早着手研究《梨俱吠陀》的是弗里德里希·罗森，但他英年早逝未能完成这项有意义的工作。鲁道夫·冯·罗特接手了他的工作并出版了《阿闼

① 布莱恩·霍顿·霍奇森（Brian Houghton Hodgson，1800—1894），英国的外交官，出使尼泊尔期间收集了佛教经典的抄本。——译者注

婆吠陀》；而后阿尔布雷希特·弗里德里希·韦伯[①]出版了《白夜柔吠陀》；特奥多尔·本费出版了《娑摩吠陀》；麦克斯·穆勒经过多年的潜心钻研，出版了《梨俱吠陀》。至此，四吠陀全部被翻译出来，可供所有研究吠陀的学者参考。在这些大师中产生了两位梵学界的泰斗——阿尔布雷希特·弗里德希·韦伯和麦克斯·穆勒，他们把自己的一生都奉献给了梵学研究。钻研吠陀古典文献的结果是推动了梵学研究，使梵学研究进入了鼎盛时期。《梵文大辞典》就是在该时期出版的，这本辞典是鲁道夫·冯·罗特和奥托·冯·伯特林克的呕心沥血之作。

此外还有约翰·缪尔的《梵语古典》。《梵语古典》是约翰·缪尔心血的结晶，书中涉及古典文献。约翰·缪尔对这些古典文献进行了分门别类的翻译论述。另外，阿达尔贝特·库恩在比较神话学领域，格奥尔格·比勒[②]在古典法律领域，乔治·弗雷德里克·威廉·蒂鲍特[③]在几何学领域，亚历山大·卡宁厄姆[④]在古代地志学领域，詹姆斯·伯吉斯[⑤]和詹姆斯·弗格森[⑥]在建筑学领域，都成为权威。他们留下的功绩永远不可磨灭。

说到研究佛教的学者，自从欧仁·比尔努夫掀起研究佛典的风潮后，研究藏传佛典的前有乔莫·克勒希、埃米尔·施拉京特魏特[⑦]，后有菲利普·爱

① 阿尔布雷希特·弗里德里希·韦伯（Albrecht Friedrich Weber，1825—1901），德国的印度学家。因研究吠陀而出名。——译者注

② 格奥尔格·比勒（Georg Buhler，1837—1898），德国的印度学家，因收集研究印度的抄本和碑文而成名。——译者注

③ 乔治·弗雷德里克·威廉·蒂鲍特（George Frederick William Thibaut，1848—1914），德国的印度学家。——译者注

④ 亚历山大·卡宁厄姆（Alexander Cunningham，1814—1893），英国的考古学者，参与了印度考古调查局的设立，因对发掘印度佛教寺院遗迹做出巨大贡献而成名。——译者注

⑤ 詹姆斯·伯吉斯（James Burgess，1832—1917），英国的印度学家。——译者注

⑥ 詹姆斯·弗格森（James Fergusson，1808—1886），英国的建筑学家。——译者注

⑦ 埃米尔·施拉京特魏特(Emil Schlagintweit，1835—1904），德国的印度学家。——译者注

贺拉斯·海曼·威尔逊（Horace Hayman Wilson，1786—1860）

克里斯蒂安·拉森（Christian Lassen，1800—1876）

詹姆斯·普林赛普（James Prinsep，1799—1840）

布莱恩·霍顿·霍奇森（Brian Houghton Hodgson，1800—1894）

弗朗兹·博普（Franz Bopp，1791—1867）

格林兄弟（Brothers Grimm）

威廉·冯·洪堡（Wilhelm von Humboldt，1767—1835）

鲁道夫·冯·罗特（Rudolf von Roth，1821—1895）

阿尔布雷希特·弗里德里希·韦伯(Albrecht Friedrich Weber，1825—1901)

特奥多尔·本费（Theodor Benfey，1809—1881）

奥托·冯·伯特林克（Otto von Bohtlingk，1815—1904）

约翰·缪尔（John Muir，1838—1914）

格奥尔格·比勒（Georg Buhler，1837—1898）

詹姆斯·弗格森（James Fergusson，1808—1886）

亚历山大·卡宁厄姆（Alexander Cunningham，1814—1893）

埃米尔·施拉京特魏特（Emil Schlagintweit，1835—1904）

德华·福克斯[①]、弗朗茨·安东·席夫纳[②]、瓦西里[③]、威廉·伍德维尔·柔克义[④]和劳伦斯·奥斯汀·瓦德尔[⑤]等；研究汉语佛典的有艾约瑟[⑥]、塞缪尔·比尔[⑦]、詹姆斯·理雅各[⑧]和恩斯特·约翰·艾特尔[⑨]；研究巴利佛典的有迈克尔·维戈·豪斯贝尔[⑩]、赫尔曼·奥尔登贝格[⑪]和李斯·戴维斯；研究梵文佛典的有麦克斯·穆勒和约翰·亨德里克·卡斯帕·克恩[⑫]；研究锡兰佛典的有斯彭斯·哈迪；研究缅甸佛典的有保罗·安布鲁瓦兹·毕冈迭特[⑬]。他们将自己的研究成果公布于世，在各自的领域都成为顶尖的权威。佛教自古以来就在亚洲广为流传，对三藏进行翻译的就有巴利和中国。佛教历史悠久，现在大体上可以分为南北两大派别。南传佛教主要以印度、斯里兰卡、缅甸和泰国为主，信奉巴利语圣典；北传佛教主要以中国、朝鲜和日本为主，信奉由梵语翻译过来的圣典。对于南传佛教，西方人已经进行了详尽的调查，西方文字的出版物比比皆是。然而，北传佛教还处于调查初期。各种翻译版本中最引人注目的是中国的翻译版本。日本人要理解中译本都很困难，更何况是西方人。然

① 菲利普·爱德华·福克斯（Philippe Édouard Foucaux，1811—1894），法国藏学家，用法语写了第一本关于西藏语的语法书。——译者注

② 弗朗茨·安东·席夫纳（Franz Anton Schiefner，1817—1879），德国语言学家和藏学家。——译者注

③ 瓦西里（Wassiljiew，1818—1900），俄国汉学家。——译者注

④ 威廉·伍德维尔·柔克义（William Woodville Rockhill，1854—1914），美国外交官、汉学家。——译者注

⑤ 劳伦斯·奥斯汀·瓦德尔（Laurence Austine Waddell，1854—1938），英国探险家、藏学家。——译者注

⑥ 艾约瑟（Joseph Edkins，1823—1905），英国传教士、汉学家。——译者注

⑦ 塞缪尔·比尔（Samuel Beal，1825—1889），英国人，中国佛教研究的开拓者。——译者注

⑧ 詹姆斯·理雅各（James Legge，1815—1897），英国传教士，汉学家，曾将四书五经翻译成英文。——译者注

⑨ 恩斯特·约翰·艾特尔（Ernest John Eitel，1838—1908），德国传教士，汉学家。——译者注

⑩ 迈克尔·维戈·豪斯贝尔（Michael Viggo Fausbøll，1821—1908），丹麦印度学家。——译者注

⑪ 赫尔曼·奥尔登贝格（Hermann Oldenberg，1854—1920），德国的印度学家。——译者注

⑫ 约翰·亨德里克·卡斯帕·克恩（Johan Hendrik Caspar Kern，1833—1917），荷兰语言学家，东方学家。——译者注

⑬ 保罗·安布鲁瓦兹·毕冈迭特（Paul Ambroise Bigandet，1813—1894），法国天主教传教士，佛学家。——译者注

而西方人却凭借着他们不屈不挠的精神，慢慢克服了这个困难，也开始从事北传佛教的研究。这真的不得不叫人为之惊叹。至此，我们就有必要对北传佛典，特别是其中最完善的中译本的完成始末，进行概述。

第 7 节　佛典汉译简史

与西欧的佛典翻译相比，中国佛典翻译的时间更早，大约始于一千八百年前[14]，即 1 世纪，一直持续到 14 世纪。中国的梵学研究始终贯穿于这个时期。该时期其实就是佛教由产生、发展到衰亡的时期。要对这一漫长岁月里的佛典翻译工作进行一番概述，将其分为三个时期是较为便利的方法。即旧译时代、新译时代、继绍时代。

一、旧译时代是指 66 年后的大约六百年间。在这个时代，翻译的主导权掌握在印度僧侣手中。中国僧侣还无法独立进行翻译工作。这一时期的大师有来自月氏国的竺法兰、来自安息国的安世高、来自月氏国的吴支谦和竺法护、来自龟兹的鸠摩罗什、来自中印的覃无纤、来自西印的真谛、来自北印的菩提流支、来自犍陀罗国的阇那崛多等。这些人主导了经文的翻译工作，中国的僧侣只负责把他们口译的文字记录下来，并做一些修饰文辞的工作。一位叫法显的中国高僧在 398 年到 410 年间远赴印度学习，回国后，他在长安开设译场，和梵僧觉贤一起进行翻译工作。不过他们终究未能将带回的所有经书都翻译出来。还有一位叫作“鸠摩罗什”的大师，他在当时极负盛名，留下了影响后世的伟大功绩。鸠摩罗什一踏足长安，天下英杰就争相拜访。他的佛典译场盛况空前，名声在外，门下的八杰更是当时的人中龙凤。所以佛典的中译本以巧妙的文辞和易懂的释义独步古今。这也是鸠摩罗什佛典译文在进入新译时代后还能广为流传的原因。

二、新译时代是指 600 年后的大约九百年间。这个时代的大师，前有玄奘，后有义净。他们不依靠外国僧侣，完全凭借自己的努力，成就了翻译佛典的大业。629 年到 645 年间，玄奘远赴印度，走遍了印度每一个角落，在掌

⑭　本书出版于 20 世纪初。——译者注

握了梵语的真谛后回国。回国后，玄奘在长安开设译场，广纳贤才，带领很多学者完成了涉及多个领域的翻译工作，并纠正了旧译时代翻译作品中的错误，指出了其中的不足之处，将新译时代推入了全盛时期。从语法的角度来看，圣典的中译本中，首次堪称完美的是玄奘的译本。玄奘翻译的作品，网罗了从大小乘的经藏和论藏，到五明中声明和因明等部分，标志着佛教翻译事业进入了一个新时代。一般说的旧译时代，是指玄奘之前的时代；而新译时代是指玄奘之后的时代。

义净在671年到695年间远赴印度学习。回国后，他参加了尚未完成的律藏的翻译工作，在这一领域大展身手。他翻译的作品和玄奘的不相伯仲，博得了天下人的赞赏。不过，义净只是继承了鸠摩罗什和玄奘的衣钵，并倾注心血于律藏的翻译工作。从给后世带来的影响来看，义净的功绩还是不及鸠摩罗什和玄奘等人。义净的光芒大部分都被鸠摩罗什和玄奘等人给遮盖住了。这实在是一件令人遗憾的事。

这一时期是佛教的鼎盛时期。各地的僧侣纷纷前来中国。前有达摩流支，后有不空。他们在翻译界都留下了不朽的功绩。不空传的是真言秘密之法，凭借悉昙学被世人奉为神明。他翻译的陀罗尼藏尤其引人注目。至此，中国的译经终于形成了一个完整的体系。

三、继绍时代是指赵宋时期。这个时期是号称前来中国的外国僧侣的数量最多的时期。其中有来自中印的法天、北印的天息灾和施护。他们倾尽全力于翻译工作，深受朝廷的厚爱。真言瑜伽三密的研究正是在他们的帮助下才得以完成。不过，他们只是继承了不空的衣钵。所以，他们翻译的作品数量虽多，却不足以成为一个新时期的标志。将这个时期命名为继绍时代的原因就在于此。这个时代，与其说是对原文进行翻译，不如说是将重心放在了实际运用上，即将之前完成的所有翻译作品运用到实际中。从翻译的角度来看当时的作品，也许就不得不怀疑这些作品的真实价值了。简而言之，佛典翻译的大业在唐代已经完成。继绍时代只是对前一个时代的翻译作品进行继承和发扬罢了。

顺便提一下藏传佛教的部分。约600年，吐蕃出现了一位英明的赞普——

松赞干布。公元634年，唐太宗之女文成公主下嫁于他。因为文成公主信奉佛教，所以随着文成公主的下嫁，佛教在吐蕃落地生根。在倾力翻译中国三藏的同时，松赞干布还派遣使者前往印度寻求印度经典，计划成就印度经典翻译的大业。此后，吐蕃就成了佛教圣地。但吐蕃对梵学的研究仅止步于此，以后只是传承之前的研究内容罢了。

佛教是印度文明的一大产物，亚洲诸国不及印度的地方就在于此。印度佛典之所以能被翻译成汉语完全要归功于上述的梵僧和汉僧们。研究印度文明史，绝对不能忽视他们的重要作用。以上就是对佛典汉译的简单介绍。

第 8 节　印度的纪元

值得注意的是，印度采用两种不同的纪元方法。一种是三越纪元[①]，另一种是塞纪元[②]。据说前者是从公元前 56 年开始的，而后者则是从公元 78 年开始的。我们遇到三越纪元表示的年份时，只要减去五十六年就是正确的西历年份；遇到塞纪元表示的年份时，只要加上七十八年就是正确的西历年份。令学者们百思不得其解的是，这些纪元方法究竟是为了纪念什么。有人认为，塞纪元是为了纪念塞王迦腻色迦一世。这个说法比较普遍，但对于这个问题的解答还没有定论。如果真的是为了纪念迦腻色迦一世的话，那佛教采用这种纪元的理由好像也能说得通。不过，最妥当的做法还是应该对其持怀疑的态度，因为很早以前就有了“不纪念塞王，而是要纪念打败塞王的沙利瓦哈纳”的说法。

因为没有任何传说和文献，所以要研究三越纪元产生的原因，人们根本无从下手。一般认为，三越纪元是为了纪念超日王打了大胜仗。但在公元前 1 世纪的远古时代，根本就没有这样一位大王。另外，实行三越纪元的时期应该是在公元前 56 年后。为了纪念历史上一个不为人知的国王打了胜仗，印度开始实行三越纪元法。使用一段时间后，三越纪元法停用。后来，因为某种变故，

① 印度传统的计算年代的方法，公元前 56 年为三越纪元的起点。——译者注

② 印度传统的计算年代的方法，公元 78 年为塞纪元的起点。——译者注

印度再次使用三越纪元法。还有人认为，三越纪元是摩腊婆[①]族使用的纪元方式。到了6世纪，印度兴起了对该族超日王的崇拜，因此才将超日王的称呼和三越纪元的算法联系在了一起。这种说法也许不对，不过离真相应该不远。

总而言之，这两种纪元方式从古代开始就一直实行，而它们的起因却难以查明。现在我们仅仅知道这两个纪元的名称。

第9节 印度文明的五个时代

印度文明起源于大约两千年前的远古时期，从印度西北角开始，慢慢向东延伸，再向南扩展。该文明一直持续到公元后一千年。前后跨了差不多三千年的历史。这三千年的文明是印度特有的文明，在世界文明史上占有重要的位置。后来因为蒙古民族的入侵，几乎将印度的古文明破坏殆尽。由此印度文明进入了一个新时期。后来印度虽然也有新文化的产生，但和上下三千年光彩夺目的印度古文明相比，不可同日而语。近年来印度又成了英国的殖民地。直至今日，对印度古文明的研究才渐渐兴盛起来。本书主要论述的是富有特色的印度三千年的古文明史。这个时期的文明完全是印度本土的文明，也是最具有研究价值的部分。悠悠三千年印度文明，可以划分为五个时代：

一、吠陀时代，又称“旁遮普时代”

二、婆罗门时代，又称“中印时代”

三、教派学派兴起时代，又称“全印时代”

四、佛教时代，即印度文明的革新时代

五、往世书时代，即婆罗门教复兴时代

第一个时代：雅利安人定居于旁遮普，崇拜自然，赞叹自然；人民既要从事农业，又要去打仗，还要自己进行祭祀活动。

第二个时代：雅利安人渐渐东进，定居在恒河流域，建立了许多强国，产生了种姓的区别，确立了僧权。该时代的僧侣对四吠陀进行了集录，编纂了梵书，研究出奥义书，创作了两大史诗。该时期对印度文明的贡献是最多的。

---

① 雅利安人中的一个部族。——译者注

摩腊婆族被认为曾使用三越纪元

第三个时代：雅利安人征服了全印度，编写了佛经，并将吠陀分成了六个部分。这六个部分演变成六个哲学流派。然而，王族对佛教的拥护导致佛教的兴起。僧权的弊害日益扩大。后来僧侣们遭受到了强烈的打击。此外，在平民中出现了一位新的王[①]。

第四个时代：中印摩揭陀出现了阿育王。他几乎统一了全印度，让佛教成为国民教派，并集结了佛教文学。后来，南印安达罗王国兴起；北印又建立了笈多王朝；再加上西印又有月氏族入侵。月氏族还出现了迦腻色迦一世，他更加信奉佛教。佛教随即成了世界性的宗教。

第五个时代：印度北部出现了超日王。超日王极力拥护婆罗门教。婆罗门教因此得以复兴，形成和佛教对峙的局面。新婆罗门教的基础也逐渐形成。后来出现的戒日王拥护佛教。佛教文化虽然再次释放出灿烂的光芒，但也不过是强弩之末。商羯罗、鸠摩罗什的出现给了佛教致命一击。佛教最终在印度大地上销声匿迹。

后来，随着莫卧儿人[②]的入侵，印度文明坠入了深不见底的黑暗。

① 指孔雀王朝开国君主“月护王”。——译者注

② 莫卧儿人指突厥化的蒙古人。1525 年，成吉思汗和帖木儿的后裔——巴布尔率军入侵印度，并建立了莫卧儿帝国。——译者注

第1篇 吠陀时代

雅利安人的宗教起源和征服

第1章 概 述

雅利安人定居在旁遮普的时代称为吠陀时代。有关该时代的历史资料现记录于《梨俱吠陀》中。《梨俱吠陀》是一本世界上独一无二且历史悠久的宝典。翻阅它，雅利安人征服印度河流域并定居在旁遮普的历史画面便一幕幕跃然纸上。当时萨特莱杰河以东的土地还鲜为人知，雅利安人带着胜利者的骄傲，充满勇气，满怀自信，骁勇善战，以势不可挡的气势席卷了这片土地。这一

萨特莱杰河

点和后世被动且喜欢沉思的雅利安人截然不同。雅利安人为了抢夺土地并据为己有，与原住民进行了大规模的战争。所以，这个时代是雅利安人征服原住民的时代。根据赞歌的内容可以看出，这个时代的雅利安人崇拜各种神奇的自然现象。他们将这些自然现象神化，并向这些神祈求财富和新领地。同时，雅利安人又大力歌颂他们取得的胜利。当时的雅利安人并不是一个整体，而是分为很多个部落，没有种姓的区别——非要说有的话，只是对本民族和原住民进行了区分。此外，职业也是没有贵贱之分的。平时耕自家的田且拥有大量畜牧群的酋长们，在战时还要保护自己的部落、抢占原住民的土地，并经常向战神[①]吟唱热情洋溢、元气饱满的赞歌。那时还不存在寺庙和神像，族长们就在家中燃圣火，斟牛奶，捧米麦，供动物，奉神酒。他们以这样的方式祈求族人能够获得幸福、健康和财富。族长就是君王。当时还存在能够代替君王执行祭祀仪式，吟唱赞歌的职业僧侣。但婆罗门姓和刹帝利姓并未形成。人民一般从事畜牧业或耕作业，都能享受到平等的自由。这个时代，从公元前 2000 年一直持续到约公元前 1400 年。为了方便命名，我们姑且称这个时代为“吠陀时代”。

① 指下文中的空中之神因陀罗。——译者注

第 2 章　雅利安人和当时的文学

与其他民族不同，雅利安人拥有属于自己的古代记录——《吠陀经》。《吠陀经》不是通过刻在石柱或岩石的表面，而是通过雅利安人世代口口相传保存下来的。《吠陀经》不仅记录了战争和王朝兴衰，还记录了文化发展的轨迹，是一本可以探索人类精神世界发展状况的古籍。下面我就来叙述一下《吠陀经》中记录的雅利安人的历史。雅利安人属于雅利安民族的一个分支，原居住地是中亚的高原。这点毫无疑问。在没有进入印度前，雅利安人就有了属于自己民族的文化。他们脱离了群婚杂居，形成了以家庭为单位的社会结构——父亲就是一家之主；已经在豢养牛、羊、猪、狗等动物；虽然制造业还处于萌芽阶段，但已经知晓造房和造船的技术；既有毛皮的衣服，也有植物纤维织的衣服。有证据显示雅利安人当时已经在使用金银。他们用颜色来称呼金银，将金银分别叫作黄和白。他们还使用另外一种金属，至于是什么金属现在已经无从考证。农业从一开始就存在，“arya”的意思就是“耕作者”。“雅利安”就是从该词根衍化过来的。毋庸置疑，农业就是雅利安人的主要产业。此外，一家之主们还要带领着他们的族人和家畜到处迁徙。在这个时代，战争是不可避免的。雅利安人拥有利用金、石、骨、木制作的弓、矢、刀、枪。我们无从考证雅利安人当时使用的是何种政体。只知道他们既有族长，又有首领。不管是在战争时期还是和平时期，族人都称他们的族长和首领为保护人、抚养人或光荣领袖。既然雅利安人达到这样发达的程度，那具有分辨善恶的能力也是理所当然的。雅利安人将风俗习惯和合理的民间谚语当作威严的法律，并自觉遵守。他们的宗教处于非常原始的状态，还停留在对神奇的自然现象表示崇拜的程度。最先引起雅利安人注意并使他们开始崇拜的是像天空、太阳、黎明、风雨和雷电这样显著的自然现象。因此，他们的宗教还是幼稚的、朴素的，描述诸神的神话故事情节非常简单，在仪式方面还没有变得繁琐。通过这些自然现象，雅利安人意识到了神力的存在，并对这些神表示虔诚的崇拜和满心的敬仰。以上描述的是雅利安人居住在中亚高原时的情形。上述内容看似是想象，其实都是从西欧和东印保留下来的语言中推论得出的。现在，西欧和东印的语言虽然相去甚远，但有证据显示，这些语言实际上是同源的。

随着时间的流逝，冒险者们到处漂泊迁移，寻找新的食物和草地，进一步向外扩张自己的势力，从而奠定了建国的基础。雅利安人发展的顺序和路线已无从考证。根据麦克斯·穆勒的研究，雅利安人向外扩张的路线大致可以分为两条：一条是向西北行进，这部分人最终成为欧洲人种的起源；另一条是向东南行进，这部分人最终成为现今印度人种的起源。进入印度的冒险者，开始定居于旁遮普，后来因为宗教信仰分裂成两个部族。据说崇拜天界诸神的冒险者止步于旁遮普，而崇拜阿修罗的冒险者则继续往西，进入了波斯。不过，关于人种分支的推测，学者间还存在分歧。有人认为向西的冒险者在建立了波斯后，又继续前进，最后进入欧洲。创作《梨俱吠陀》中赞歌的是最后停留在旁遮普的冒险者。笔者说的雅利安人，特指雅利安民族中的这一分支。为了便于读者理解，我在这里先解释一下吠陀到底是什么。

作为印度宗教、哲学和文学的根源，吠陀这两个字代表的是智慧。吠陀[1]中记载的内容被认为是神的智慧的启示录。吠陀文学由三部分组成：

一、赞歌——由韵文写成

二、神传——关于仪式的书，由散文写成

三、奥义——主要由散文写成，中间夹杂有韵文

① 吠陀是在公元前1000年到公元前500年间，印度编纂的一系列宗教文章的总称。“吠陀”这两个字是“智慧”或“知识”的意思。吠陀文学由三部分组成：赞歌、神传和奥义。吠陀一般特指赞歌的部分。——译者注

我们通常所说的吠陀特指赞歌部分。赞歌又由五个集录组成。四吠陀指的就是这五个集录：

一、《梨俱吠陀》——最古老最重要的部分

二、《黑夜柔吠陀》——关于活祭的部分

三、《白夜柔吠陀》——同上，对黑书进行了修改

四、《娑摩吠陀》——关于神酒祭祀的部分

五、《阿闼婆吠陀》——最新的部分，也是最吸引人的部分

《黑夜柔吠陀》和《白夜柔吠陀》通常合称为《夜柔吠陀》。四吠陀中，最引人注目的是《梨俱吠陀》和《阿闼婆吠陀》，其中又以《梨俱吠陀》最为重要。《梨俱吠陀》是世界上最古老的文学。笔者就是通过研究《梨俱吠陀》追寻雅利安人发展的轨迹，才得以进一步探求到了印度宗教思想发展的状况。印度宗教思想的发展状况不仅仅是雅利安人发展的体现，也是人心自然发展的体现。研究《梨俱吠陀》的结果是产生了比较神话学。比较神话学的出现奠定了宗教学的基础。雅利安人将《梨俱吠陀》完整保存至今是人文史上一件天大的喜事。印度人认为《梨俱吠陀》是远古时期的东西，或者是公元前五千年或三千年的东西，其实《梨俱吠陀》完成的年代并没有那么久远。欧洲学者根据天文学的材料推断，《梨俱吠陀》完成的时间是在公元前 1400 年左右。虽然这也不是定论，但不管怎么说，该书完成的时间绝不会晚于公元前 13 世纪。《梨俱吠陀》由一千[①]章赞歌组成，其中包含一万首颂歌。全书共分为十卷，除了第一卷和第九卷，其余八卷都分别号称是由一个人的作品组成。大概是同一个家族的多个创作人用同一个名字创作的。这些赞歌的创作人被称为“仙人”。有名的仙人共有八位——一般认为就是上述八卷赞歌的创作人。第一卷有一百九十一首赞歌，共包含了十五个人的作品。第十卷也有一百九十一首赞歌，作者人数更多。这些赞歌由师父口头传给弟子，数百年间完全依靠口口相传一代代流传下来。这个时代产生的赞歌，都在下个时代由人们收集

① 或一千零一十七，或一千零二十八。——原注

迁徙中的雅利安人

雅利安人进入印度

编纂完成。第十卷中的大部分赞歌都是在下个时代完成的，但也被当作是上个时代的作品，被人传颂并流传至今。下个时代的末页，人们对《梨俱吠陀》进行了细致的研究，计算出了其中的赞歌数、颂歌数和句子数。不过，根据计算方法的不同，颂歌的数量统计结果也会有所不同。统计的结果显示，颂歌的数量最少有一万零四百零二首，最多有一万零六百二十二首。对其他吠陀的调查还有待下个时代进行。

第 3 章　吠陀时代的宗教

一言以蔽之，吠陀时代的宗教就是自然崇拜。笼罩大地的天空，放出红色光芒的曙光，让万物生长的太阳，包围世界的空气，日夜都不可缺少的火，使土地变得肥沃的雨水，这些自然现象使印度人很早就开始了对神的崇拜。特别是古仙人，他们用尽满腔热情表达对这些神的崇拜，甚至忘记了其他神的存在。只从赞歌来看，某些观点认为古仙人只崇拜特定的某位神。因此在吠陀时代，人们对神的崇拜只是一种比较特殊的崇拜，并没有发展成为宗教。所以学者在命名时深感困惑。吠陀时代的宗教处于由单纯的自然崇拜到发展成一个宗教期间的中间阶段，但必须承认吠陀时代的宗教似乎有着某种神奇的力量，因为吠陀时代的宗教是诸神的起源。

《梨俱吠陀》中出现的诸神，可以分为三类：

一、单纯受人崇拜的上古神灵

二、仪式中受人敬拜的神

三、有着泛神论倾向的神

泛神论产生后，对单纯受人崇拜的上古神灵的信仰，以及对仪式中受人敬拜的神的信仰还依然存在。譬如，太阳和雷电对人类而言是非常重要的存在。所以无论如何，人们还是自然流露出对它们的敬畏和崇拜。除了上述三种神，还存在着人们仅仅在祭祀仪式时口头赞美的其他诸神。所以《梨俱吠陀》中的神除了第二种和第三种外，要判断哪些神是先产生的，哪些神是后产生的，并不是一件容易的事。研究诸神最好的方法就是将最常见的神单独列出来，调查一下该神的特性以及和人类的关系。印度人将诸神分为上、中、下三级，即天上的神、空中的神和下界的神。每一级又分为十一个级别，共三十三个级别，命名为“三十三天”。下面就对其中最重要的那些神作简要的介绍。

第 1 节 天上的神

帝奥斯——光明之神。将天空作为崇拜的对象是一件很自然的事。大空中存在各种各样的自然现象。根据观察角度的不同，人们赋予这些自然现象不同的名字，以此来表达对天空的崇拜。毫无疑问，其中最古老的是对光明 Dyu 的崇拜。帝奥斯就是光明之神。在雅利安民族的其他分支中，这位神被尊称为 Zeus、Jupiter、Deus、Tiu、Zio、Jovis 等，受到各族人的崇拜。可见，帝奥斯神一定是在雅利安民族分裂前就已经存在。在希腊和罗马，帝奥斯是至高无上的神；但在印度，帝奥斯的重要性很快就输给了其他神。[①] 在《梨俱吠陀》中，帝奥斯和大地被合称为“天地”，受到世人的崇拜。人们认为天地是所有神的父母。书中并没有将天单独作为崇拜的对象，也没有只写给天的赞歌。通常文字“天”代表的是天空，并不代表作为神的天。

伐楼那——最古老的神之一，包容万物的神，天的神化。人们一般认为伐楼那与帝奥斯所代表的“天”是不同的。帝奥斯代表的“天”实际上包含在伐楼那代表的“天”里面。前者是可见天，后者是不可见天。不可见天创造了天地，支撑着天地，作为宇宙的主人，神中的王者，受到世人特别的崇拜。据说太阳和星星是伐楼那的眼睛；鸟和风都无法到达他的世界。不可见天最原始的力量推动着星星和月亮在它们对应的轨道上运行；他能看穿人心，让人远离罪恶，还能让人长命百岁。所以，不可见天不仅是物质世界的第一位神，也是精神世界里宇宙的支配者。他几乎让吠陀的自然崇拜发展成为一个独立

① 印度的富饶主要是依靠降雨，所以雨神后来成为了最受世人崇拜的神。降雨只不过是发生在天空中的各种自然现象中的一种。气候的不同，会导致各地区处于最高地位的神的不同。——原注

的宗教。希腊语中存在和不可见天同义的词，叫做“Uranus”；和“明空”对照来看，“Uranus”又是“夜空”的意思。波斯语中用“Varuna”代表乐土，用“Mithra”代表太阳。所以伐楼那神也一定在雅利安民族分裂前就已经存在。后来，伐楼那神被贬下凡间成为水神，雨神完全取代了他的地位。

阿底提——前两位神都是光明之神，而阿底提神与前两位神相比，是更能体现光明的神。他的名字有“无边无际、永久永恒”的含义。阿底提神是无边无际的天空的化身，作为最古老的神，向世界传达无限的思想。其他雅利安民族没有对阿底提神的崇拜，所以阿底提神应该是雅利安民族进入印度后才创造出来的。阿底提神有很多孩子。不同地方对他们的叫法也不同。譬如，有 Varuna、Mitra、Aryaman、Bhaga、Savitri、Daksha、Ansa 等。人们称他们为“阿底提之子”。其中 Savitri、Varuna 和 Mitra 是抽象的神，在诸神产生后才出现。这些抽象的神的出现，可以看作向泛神教转变的第一步。后来，阿底提神的孩子中又多了 Indra、Pushan、Vishnu。人们将一年十二个月分配给阿底提神的每一个孩子，因此阿底提神的孩子数量也就达到了十二个。

苏利耶、娑维特丽、普善和毗湿奴是印度人民在不同的角度崇拜太阳得出的不同叫法。太阳作为天空中最显著的自然现象，理所当然受到了印度人民来自不同角度的赞美。天空中掌管光辉的神苏利耶；掌管人间并赐予神生命的神娑维特丽；还有带给世人恩惠的畜牧和营养之神普善——一些地方又称“跋伽”。而且因为普善神拥有能够三步就横跨天空的神通，所以还有“毗湿奴神”这个称谓。

在代表太阳神的各种名字中，人们用尽各种华丽的辞藻赞美苏利耶。苏利耶神上古时代就存在，是从乌莎斯中诞生出来的。后来，苏利耶神又爱上乌莎斯，一直跟随在乌莎斯身后。据说人们祭拜苏利耶神，能消除自身的罪孽。需要特别指出的是，《梨俱吠陀》中的太阳绝对不是邪恶的。而在《阿闼婆吠陀》中太阳却被神化为了世人厌恶的死亡之神。这是气候的变迁导致的《梨俱吠陀》和《阿闼婆吠陀》的众多差异中的一种。

毗湿奴神是最具太阳神力的神。毗湿奴神虽然在吠陀中不是最重要的神，但在后世的往世书文学中却作为三位一体主神中的一位，与梵天和湿婆天齐

伐楼那

苏利耶

名，成为非常重要的神。这是因为毗湿奴神的性质发生了改变。远古时，毗湿奴神只不过是一位三步就能横跨天际的神。这三步有人称为日出、日中、日落；还有人认为这三步是指火、电、日。毗湿奴神有三个住处，其中一个在黄泉国。毗湿奴神后来之所以被世人大为赞美就是出于这个原因。毗湿奴神住在黄泉国这件事唤起了当时人们希望和太阳融合在一起的想法。这种融合的思想成为泛神论思想得以扩展的重要原因。

太阳就是以上述各种不同名字和形式受到世人的崇拜。由此可见，印度人对太阳的崇拜根深蒂固。印度人对太阳的崇拜起源最早、影响最深、影响范围最广。

乌莎斯是拂晓神化后产生的一位女神。人们认为乌莎斯原始时代就开始存在。希腊语中的Eos与拉丁语中的Aurora，和乌莎斯来自同一个词根。与乌莎斯女神有关的赞歌可以说是吠陀神话中最优美、数量最多的。据说乌莎斯女神是人类的朋友，她像年轻的少妇一样，一直保持着微笑；她会拜访每

梵天

阿须云

一个家庭，给他们带来财富；她充满生气，永远不老，是掌管人类年纪的女神。吠陀的赞歌用最动听的旋律表达对伐楼那神的敬意，用最美妙的赞歌表达对乌莎斯神的崇拜。据说在世界上的各种宗教诗歌中，对这位女神的赞歌是最优美动听的。这位女神的别名也有很多，此处不再一一列举。

阿须云——曙光化身的双生子、骑士。人们一般认为阿须云神是乌莎斯的丈夫或兄弟。阿须云神骑马为乌莎斯引路，因此而得其名①。双生或指天地，或指昼夜，或指日月。人们一般比较认可昼夜的说法。因为靠近昼夜明暗的分界线，将黑夜和白昼分离为双胞胎。所以也可以说阿须云神是半明半暗的曙光之神。这两位神是诸神中年纪最小的。据说他们既年轻又英俊，全身都是金色的，早上载着光明而来，在乌莎斯之前为她策马开道。后来这两位神成为了菩萨。

第 2 节 空中的神

除火神外，吠陀中因陀罗神的赞歌数量最多，可见人们对因陀罗神最为崇拜。人们对因陀罗具体是什么神还不明了。有人认为他是掌管风雨的神，有人认为他是苍穹，或者年，或者太阳的化身，甚至有人认为他就是火神。从赞歌的内容来看，这位神同时具备了天上、空中和下界神的特点。很难将因陀罗神分到其中的某一类。人们一般认为因陀罗神是空中雨气的化身。这位神在其他雅利安民族中并未出现。所以因陀罗神应该是印度独有的神。大概因为雅利安人离开故土，来到气候炎热的旁遮普，所以对太阳这样的光之神很难提起崇拜的兴趣。而能够带来降雨的雷电和风云，自然就成为了印度人民感激的对象。由此印度人民崇拜的中心由天上转移到了空中。因陀罗神具有至高无上的地位，但他并不是一开始就存在的神。因陀罗神是天地的孩子，为了战斗而生。所以因陀罗神是所有神中最刚强的。他嗜酒好战，有着灵活自由的身体，以闪电为武器，手持箭、钩和网，乘着两匹马拉着的金色马车，带领摩录多神，打败了魔鬼乌里特那。因陀罗神还帮助印度人民赶走了入侵的野蛮民族。因陀罗神战斗的故事被创作成了有趣的神话。乌云滚滚而来，

---

① 阿须云，其意为“骑士”。——译者注

人们期待着即将到来的降雨。可是偏偏因为魔鬼乌里特那作怪，大雨迟迟未落。乌里特那具有封印雨的能力。这时，因陀罗神就用雷电驱赶乌里特那。双方打斗的声音响彻天际。最后因陀罗神打败了乌里特那，让大雨重新降临人间。就这样，渴望下雨的芸芸众生都感到欣喜若狂。所以，跟因陀罗神有关的赞歌都充满了活力。还有一则与因陀罗神有关的有趣的神话。帕尼族[①]掳走了家畜[②]。因陀罗神遍寻未果，于是就派出神犬[③]寻遍四方，终于发现光明之神被囚禁在比卢城中，她经受住了黑暗之神的百般诱惑，回去将这个情报报告给了因陀罗神。因陀罗神随即派兵攻打比卢城，救出了光明之神。从此黑暗散去，天地又恢复了光明。这其实是将黑夜过后就是黎明的自然现象，采用拟人的方式写成了神话故事。这里的因陀罗代表的就是天空。麦克斯・穆勒认为特洛伊战争的故事固然包含了一部分史实，其实参考的就是这一则神话故事。将史实和神话融合在一起的表现手法在古代十分常见。后世的帝释天就是以因陀罗神为原型创造出来的神。

摩录多是指一群神。摩录多神虽然不是重要的神，但作为纯自然神，他们的装扮令人感兴趣。摩录多神是风雨神化的产物。他们开始由七位神组成，后来增加到原先的三倍。有时他们的数量又会增加到一百八十。赞歌中对摩录多神的描写可以说是惟妙惟肖。据说他们的装扮光芒四射。他们头上戴着黄金头盔，身上佩戴金锁宝石，手拿箭和剑，身形像鹿一样美但嘴里又能发出狮子般的吼叫。连山岳都要跪拜在他们跟前。摩录多神就这样全副武装，追随因陀罗神南征北战。

伐由——风之神。伐由是因陀罗神的手下，经常和因陀罗神一起坐在金色马车上。与风之神有关的赞歌数量也很多。吠陀的众神中，与天上的太阳神和地上的火神相伴的，不是空中的因陀罗神，就是风之神。可见他们之间有着非常紧密的联系。

楼陀罗——暴风雨之神。吠陀中关于这位神的赞歌几乎没有。后世暴风

---

① 邪恶势力（译者按：帕尼族是《梨俱吠陀》中提到的一个部族）。——原注

② 此处指代“光明之神”。

③ 曙光（译者按：Sarama 是因陀罗神养的雌犬）。——原注

因陀罗

伐由

雨之神变成了湿婆，并成为了三位一体主神中的一位，因此才变得非常重要。暴风雨之神的特点是：一方面具有能够带给人畜疾病的破坏之力，另一方面又具有能够治愈这些疾病的修复之力。由暴风雨之神演变而来的湿婆神，也叫荒神。荒神具有慈悲之心的同时，也具有和暴风雨之神相同的令人恐惧的破坏之力。

第3节　下界的神

阿格尼是火神，自古就受世人崇拜，特别在印度，他的地位显得尤为重要。吠陀中将火神视为最古老最崇高的神。火神有三个不同的分身，即天上的太阳神、空中的因陀罗神和下界的火神。这三位神分别掌管着这三个地方，拥有同等的地位。非要分高低的话，那么太阳神是伟大的，比太阳神更伟大的是因陀罗神，而比因陀罗神还伟大的就是火神。所以，吠陀中关于火神的赞歌数量是最多的。追溯火神的起源，不外乎就是祭祀时用的火和日常生活中用的火。所有的祭祀都要用到火，所以火又被称为是神的使者。因为任何时候只要摩擦就能生火，所以火神是所有神中最年轻的。火神能成为如此有威严的神，是因为“神”这个词本来就是光明的意思。所有的神力都是通过光让世人发现的。因此地上的人认为，火和天上的光一样是具有神力的。再加上火是人类日常生活中不可缺少的一样东西，所以人们对火表达相应的崇拜也是理所当然的。

阿格尼

苏摩——神酒的化身。神酒本来是用月树的汁制作的一种具有兴奋作用的饮料，是婆罗门爱喝的一种酒。因为婆罗门喜欢，所以他们认为神应该也会喜欢。于是在供奉神明的时候，婆罗门经常使用这种酒。吠陀中关于神酒的赞歌也很多。《娑摩吠陀》中几乎都是对神酒和祭祀方法的描写。将神酒神化的年代应该比吠陀产生的年代还要早。波斯语中的“豪摩（haoma）”与“苏摩”源于同一个词根。这就是神酒神化的年代要早于两国人民分裂年代的证据。神酒和火神以及因陀罗神有着密不可分的关系。神酒之所以有兴奋作用是因为其中蕴含着火神的力量。因陀罗神又借助火神的力量，增强了勇气，最后建立了丰功伟业。据说神酒不仅是用来供奉神的，也是上天赐予人类的东西。人类喝神喝的酒，一定能长生不老。所以苏摩神本身就和未来是有联系的。关于苏摩神的赞歌，大多数都充满了人类对未来的期望。《梨俱吠陀》的最后一个部分，甚至将苏摩神当成月亮，认为月亮是天上的苏摩神。

普利提维——大地的化身。天上的诸神因为具有神力，所以得到世人的崇拜。大地虽然被神化的时间也很早，但后来地位一落千丈。人们一开始认为普利提维神是万物的母亲，和天空结合，生下了诸神。但大地是被人踩在

图中的奶牛是普利提维幻化的

脚下的。和不可捉摸的天空、火、水等相比，人们对待大地的方式自然就没有那么恭敬。因此关于普利提维神的赞歌也就非常少。

第 4 节 其他神

阎摩——死神。死神在古代不是邪神，在后世才黑化成令人恐惧的神。吠陀赞歌中关于死神的内容最早出现在描写日落的部分。日落代表着死亡，所以落日很容易就和来世产生了关联。既然有来世，那就必定有在那个世界里统治亡者的神。阎摩最初是指落日，而吠陀中的阎摩已经明显人格化，并成为了统治亡者的神。德高望重的人死后，身体就会发出灿烂的光芒，并重生在充满光明、净水粼粼的幸福国度，还会陪伴在死神的左右，享有无穷的幸福。死神实际上是生活在该幸福国度的仁慈的君王。当时，死神并非如往世书文学中描述的那样，是惩罚罪人的邪神。阎摩本来是生活在没有悲哀病苦的上古时代的君王。随着罪恶和病痛逐渐蔓延，死亡也如期而至，年事已高的阎摩就带领着他的随从，离开现世，前往另一个世界，并继续以王者的身份统治着那个世界。因此，作为发现通往另一个世界的道路，并成为了死后获得永生的第一人，阎摩随即成为了指引其他亡者前往这个世界的向导，并经常派他的两条狗到人间。据说这两条狗四眼宽鼻，周身散发着恶臭，极其遭人厌恶。阎

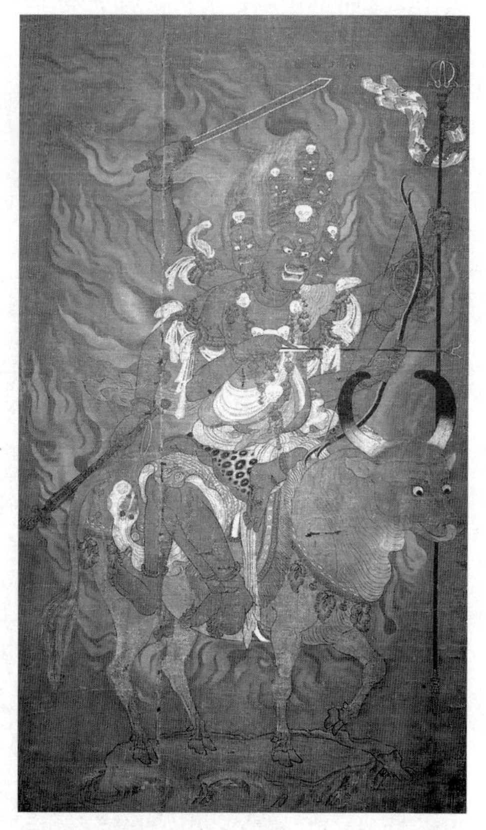

阎摩

摩本身并不遭人讨厌，但他的使者——那两条狗却受世人憎恶。这两条狗的名字叫 Sarameyas。希腊语中有和该名称同源的单词 Hermeias。阎摩是天空诞下的双胞胎中的一个，他还有一个妹妹叫阎蜜。

吠陀中的女神只有两位，一位是乌莎斯，另一位就是萨拉斯瓦蒂。萨拉斯瓦蒂就是辩才天女，最初是河流的名字。因为人们总是在该河边进行祭祀仪式，所以这条河也变成了神圣的存在。该河后来作为赞歌中的女神，至今仍受世人崇拜。人们对女神萨拉斯瓦蒂的信仰从吠陀时代开始，一直持续至今，历史悠久绵长。比较有名的女神还有杜尔迦、迦梨、拉克希米等，但她们都是后世才产生的。

布瑞哈斯帕提——祈祷之神。人们因为坚信祈祷的语言具有能够控制事物、左右神意的力量，所以就将祈祷的语言也神化了。该现象和人们认为火和酒里面蕴含神力的想法是一致的。祈祷之神最初也不是什么重要的神，到后世地位才扶摇直上。奥义书哲学中将至高无上的神的名字命名为“婆罗门”，就是这种想法的体现，佛教也没有反对这种想法[①]。在后世的往世书文学中，祈祷之神成为三位一体主神中地位最高的一位，甚至还演变为宇宙的创造者。

普鲁沙——金刚之神。普鲁沙是最原始的，拥有千首、千眼、千足的不死之人。金刚之神后来成为了宇宙大精神[②]的典型代表而备受世人关注。关于金刚之神的赞歌还成为了种姓制度萌芽的标志。现将关于金刚之神的赞歌翻译如下。《梨俱吠陀》第十卷第九十首赞歌中写道：

包含宇宙大精神的普鲁沙，
有千首、千眼、千足，
他从左右包围了大地，
却未超过他一个手掌的距离。

① 记录祭祀仪式的部分被称为梵书，也就是婆罗门书，执行祭祀仪式的僧侣也被称为婆罗门。这里将至高无上的神也命名为“婆罗门”，就是人们认为祈祷的语言里也是有神力的表现。——译者注

② 宇宙最初是一片混沌，在这混沌中，逐渐产生了意识，就是所谓的宇宙精神，即普鲁沙。——译者注

萨拉斯瓦蒂

迦梨

拉克希米

布瑞哈斯帕提

他就是这个宇宙，
包含过去、现在和未来的一切事物。
他就是永恒的主宰者。
他的四分之一构成了一切众生，
他的四分之三是天上永恒的存在。
拥有普鲁沙之名的他生出了遍照者，
而遍照者又生出了普鲁沙。
对于普鲁沙，神和人都献上祭品，
感谢普鲁沙为自己做出的牺牲。
当他们分解普鲁沙时，又是怎么分的呢？
他的嘴变成了什么？他的两臂？
他的双腿？他的两足呢？
他的嘴变成了婆罗门，
他的两臂变成了刹帝利，
他的双腿就是吠舍，
从他的两足又生出首陀罗。

这首赞歌是种姓制度萌芽的表现，其中还蕴含着泛神论倾向。

布瑞哈斯帕提神和普鲁沙神与之前提到的诸神有着截然不同之处。之前的神都是由具体的实物神化而来的，而这两位神则来自于抽象事物的神化。因此可以推断出，这两位神是后来才产生的。这两位神相对来说是比较新的神。简言之，吠陀时代初期，人们对于和自己息息相关的事物要么害怕，要么崇拜。受外界的影响，人们信仰的中心经常会发生变化。后来随着精神层面的不断发展，人们对伐楼那神看穿人心的能力感到恐惧，所以对其肃然起敬；折服于因陀罗神的威严，所以举行祭祀活动反省自身的行为。人们的精神层面由此转向沉着内省，因此才产生了对上述两位抽象化的神品格的憧憬。

第 5 节 对待神的态度

以上对雅利安人在五河时代主要崇拜的诸神做了介绍。雅利安人对待诸神的态度，是一边对诸神表达最虔诚的信仰，一边祭拜和歌颂诸神。这是不争的事实。通过祭拜诸神，人们祈求获得家畜、土地和长寿；通过歌颂诸神，人们祈求能够杀死敌人，或将敌人赶出自己的领地。换言之，雅利安人不是被动地服从于神，而是坚信凭借自身的力量能够左右神意。这就是他们对待神的态度。尽管如此，雅利安人还是受天地的神秘庄严震撼。歌颂诸神中的某一位时，他们就好像完全忘记其他诸神的存在一样，用尽满腔的热忱将这位神当作至高无上的存在来膜拜。所以在歌颂地位高的神的时候，吠陀中的赞歌总是将他当成是至高无上的存在。譬如，因陀罗神是高于神和人的存在；苏摩神是天地之王，是万物的胜利者；伐楼那神是天地万物的主宰者，是诸神和人类的王；阿格尼神则是诸神中最有力量的神，任何事物都无法靠近他那充满力量的炽热火焰等。所以，某位古仙人通常都只对其中一位神表达崇拜之心，并将该神当成唯一的存在。学者们在考虑应该如何对这种史无前例的单神崇拜命名的时候，总是深感困惑。麦克斯·穆勒称其为“更替神教”。

第 6 节 怀疑思想的起源

随着时间的流逝，僧侣们开始思考诸如宇宙的秘密、未来的命运这样的大问题。思考的结果是产生了存在至高无上神的想法。至高无上神是高于自然神、统治自然神的存在。在世人发现至高无上神的种种力量后，至高无上神就以各种不同的名字，受到世人的崇拜。他全知全能的神力在各个方面都有展现。而且人们还试图用至高无上神的理论来解释创造天地的秘密。这是雅利安民族第一次尝试对该类问题做出解释。就这样，《梨俱吠陀》中关于宗教的研究开始从自然、自然神以及自然现象的崇拜过渡到对创造天地的秘密的探求。这在《梨俱吠陀》第十卷中有体现。这个部分非常有名，翻译如下：

当时既没有“有”，也没有“无”，
既没有天，也没有地。
什么东西覆盖着？
是不是不坏的深水？
当时没有死，也没有不死，
除此之外，没有其他任何东西。
起先宇宙没有界限，
全部都是不坏的深水。
在广袤天空的围绕之处，
他因冥想之力而生。
这里因欲望而生。
这就是创造的源泉。
智者们在心中以智慧探索，
在“无”中发现了“有”之联系。
这里还产生了一股力量，
这创造是从哪里来的？
谁才真的知道这一秘密？
诸神们是在这一创造之后才出现的？
因何而生？
谁才知道这个秘密呢？
这创造是从哪里出现的？
只有在天上统治这个世界的他，
才知道，或者他也不知道。

由此可见，僧侣们已经意识到有和无的对立，以及诸神也是被创造出来的。更进一步来说，万物都起源于这不存在有和无的原始的混沌世界。在混沌中，先是有了冥想和欲望，并以冥想和欲望为动力产生了一股力量，这股力量就是万物的萌芽。最后，在对是否有人知道这一创造过程的问题上保持怀疑的态度，这其实就是关于宇宙的唯心主义泛神论思想的表现。起源于神话的宗教选择了与该神话相关的哲学的发展道路，并成为后世大放异彩的各派哲学的起源。

《梨俱吠陀》中还有章节对人类力量的渺小发出感叹：单凭人类的力量不仅不能感知可见世界的宏大，对神秘的不可见世界更是一无所知。该部分出自《梨俱吠陀》第十卷，也很有名，翻译如下：

起先出现了金胎，
他生下来就是万物的主人。
他创造了大地和天空。
他赋予万物生命和力量，
诸神们都要听从他的命令；
他的藏身之处永恒不灭，
他的影子就是死。
他的力量时而沉睡时而觉醒，
他是世界万物的主宰。
他支配着所有人和动物。
因为他，天辽阔，地坚硬，
因为他，天，不，应该是最高的天才得以撑起，
因为他，才有了光明和空气。
赋予诸神生命，
用充满力量的眼睛，
环视着富含水气的混沌，
他是力量的源泉，
他是人类祭祀的缘由，
他是凌驾于诸神之上的唯一的神。
这位神到底是谁？
我们应该向哪一位神供献祭品？

以上对《梨俱吠陀》中关于宗教的部分做了详尽的描述。值得注意的是，后世作为印度宗教精髓的三位一体的思想、轮回的教理以及种姓的区分都没有在这本书中出现。发现三位一体思想的时间要更靠近后世；轮回思想的萌芽要在下一个时代的《爱达罗氏森林书》中才出现；种姓的思想也被认为是在下一个时代才形成。如前文所述，《梨俱吠陀》第十卷中关于普鲁沙的章节正是种姓思想萌芽的体现。

值得一提的是，雅利安人在印度居住了很长一段时间后，仍然对曾居住过的北方故乡念念不忘。北方的故乡住着诸神和古仙人。人们在那里能够听到来自天上的歌谣。印度人认为，高高的天上有极乐净土，那里聚集着诸神和古代的英雄，亲切和勇敢的人也都在那里，享有永久的和平与宁静。印度人的脑中总是会闪现这样的画面：北方的故乡才是他们心中的理想国度。

第7节　古仙人

吠陀时代既没有寺庙，也没有进行祭祀的固定场所，连神像都没有。各家的一家之主都亲自制作祭火，并往圣火里洒神酒，以此来向上天祈求家人的幸福和无尽的财富，希望能够逢凶化吉，长命百岁，还希望能够征服当地的原住民。当时还没有婆罗门，也不盛行森居苦行之风。当时的仙人和一般人一样，拥有家人和财产。他们只在有需要的时候才会放下犁和锄头，拿起剑保护神赐的文明。因此，各家的一家之主都身兼僧、士和农这三个职责。其中自然不乏特别擅长唱歌，又精通祭祀仪式的人。到了这个时代的末期，以此为职业的僧侣就出现了。他们名利双收，深得王族的尊敬，并获得了丰厚的布施。这些人中又出现了精通各种祭祀仪式，并拥有突出作词写歌能力的人。他们更是被赐予了锦衣玉食和万贯家财。现存的赞歌都是后人将各家代代相传的诸仙的作品收集而来的。现将《梨俱吠陀》全十卷的作者名字列举如下：

第一卷：多名仙人合著；第二卷：格里萨摩闼著；第三卷：毗奢密多罗

毗奢密多罗与
诱惑他的女神

著；第四卷：婆摩提瓦著；第五卷：无名氏著；第六卷：巴拉瓦伽著；第七卷：婆悉多著；第八卷：卡瓦著；第九卷：鸯耆罗著；第十卷：多名仙人合著。

如上所述，十卷有八卷都只冠以一位仙人的名字。人们一般认为这八卷应该是收集了属于同一个家族的多名仙人的作品，他们以家族的名义作词写歌。所以用流派的名字来称呼他们比较合适。这些仙人中，又以毗奢密多罗和婆悉多最为优秀。他们同时受到大善见王“Sudas”的赏识。一山不容二虎，毗奢密多罗和婆悉多间存在很多争论。分别继承了这两位衣钵的派系也都各执己见，继续不停地争论。该矛盾还曾一度发生激化。后世认为婆悉多属于婆罗门“Brahmana”，而毗奢密多罗则属于刹帝利“Kshatrya”。值得注意的是当时并没有这样的种姓区别。后世的《鱼往世书》“Matsya Purana”中认为《梨俱吠陀》的仙人总数是九十一人，其中包含僧侣、将士和平民。由此足以反证，当时并没有种姓的区别，赞歌是雅利安人共通的东西。也许当时的古仙人又可以分为神仙、僧仙和帝仙①。但该说法还没有得到认可。当时的仙人既是僧侣，又是士兵，有时还是平民。由这些古仙人写出的《梨俱吠陀》可谓是世界独一无二的宝典。

① “神仙”指古仙人，“僧仙”指僧侣中的仙人，“帝仙”指刹帝利中的仙人。——译者注

第 4 章 社会生活

第 1 节 种姓未分

吠陀时代的印度版图北至雪山，西以苏莱曼山脉为界，东至沙罗室伐底河，往南估计延伸至大海。这就是当时的整个印度。至于其他地方，世人还不知道。有时，会有冒险者勇往直前深入恒河和亚穆纳河流域。但在《梨俱吠陀》的记载中，五河[①]这个名字出现的次数最多，而恒河和亚穆纳河的名字全书只出现了两次。雅利安人在旁遮普地区定居后，根据地势自然形成了五个部落。形成当时这五个部落的农牧民族创造的灿烂的印度文明，后来凭借着五个部落的文物为世人所知。那么在社会和家庭方面，这些民族日常的生活状态又是怎样的呢？首先值得注意的是，这些农牧民族中不存在后世认为不自然的等级制度，也没有束缚人民的不健全的教条。在当时，人们可以自由地吃肉，认为航海是一件光荣的事；仙人也不必过着森居苦行的生活。广义上来说，一家之主就是仙人，他们在自己家中祭拜神明，献上赞歌。他们的妻子则紧随其后辅助仪式的进行。这些一家之主中有一些特别擅长作词写歌、精通大型祭祀活动。当有特别重要的祭祀活动时，王公贵族们就将这些人招来主持祭祀活动，并给他们重赏。人们就称这些人为大仙人。虽然人们称这些人为大仙人，但大仙人并没有成为种姓的一种。而且这些人作为世俗之人，拥有妻儿财产，有时候还要为了保护自己的妻儿财产拿起武器。当时的武士和仙

① 五河相当于上文提到的旁遮普地区。——译者注

人毫无区别。通观整本《梨俱吠陀》找不出半点种姓区别的痕迹。印度的种姓问题是极其重要的，笔者会不厌其烦地做更进一步的说明。以上是从消极的角度对种姓问题做了说明。如果从积极的角度进行阐述的话，各种证明也有不少。后来代表种姓的词“Varna”最初是“颜色”的意思，主要用来区别白人和黑人。现在没有一个词专门用来指代雅利安人里的白人。刹帝利这个词当年只表示“强大”，一般只适用于形容诸神。代表婆罗门的“维富罗”这个词也只表示“贤明”的意思，只用于形容诸天神。婆罗门在任何情况下只表示“作歌者”的意思，完全没有其他含义。类似的例证有很多，其中最引人注目的是下面这一节的内容。一个仙人这样祈祷道：

看，我是作歌者，
我父亲是医师，
我母亲忙推磨。
我们都从事不同的工作。
就像牛在牧场里自由地吃草一样，
我们也为了财产而祭拜您。
苏摩酒啊！
快朝着因陀罗神流去吧。

我们可以看到，父亲是医师，母亲是磨谷者，他们的孩子却是作歌者。通过这点完全可以证明当时还没有种姓的区别。后世的往世书，费尽苦心对这四种种姓的由来做出诠释。这些书为了说明一个人既可以是战士，也可以是作歌的仙人，虚构了好多奇妙的神话。我们暂且不管这些构思的文学价值，从事实来看，这样做根本就是一件徒劳无功的事。在四种种姓出现前，一个人既是战士又是作歌者，这是件再自然不过的事。在这点上，梵学泰斗麦克斯·穆勒、阿尔布雷希特·弗里德里希·韦伯和鲁道夫·冯·罗特三人的看法是完全一致的。

种姓制度下
的两个阶层

第2节 女 子

当时的女子协助丈夫准备祭品，进行祭祀活动，祈求死后能够一起登天。她们用臼和杵捣出月树的汁并用毛制的滤器过滤，从而制作出神酒。一般的女子只是协助丈夫进行祭祀，不过，其中也不乏受过教育，且能够咏诵赞歌的女子。这些女子则和男子一起参加祭拜仪式。当时并不存在女子不能接受教育的规定。蒙面的已婚妇一样可以和社会接触。譬如，有一位女子叫毗婆罗。身为女性的她创作赞歌，参加祭祀活动，并得到了社会的认可。类似的例子还有很多。当时不存在女子必须结婚的宗教制约，所以也有女子选择不结婚而留在父母身边。结了婚的女子就要像乌莎斯一样，一大早起来做家务，并做好丈夫出门工作需要的一切准备。简而言之，女子就是要顺应自然，解决自己生活上的问题。社会并没有给女子过多的束缚。

第3节 结 婚

结婚的时候女子多少有些选择的自由。有些女子选择了自己爱的男子，并同其结婚。当时自选的制度[①]还没有确立，但已经出现了该制度的萌芽。当时，父亲必须对女儿的自选进行严格的监督——这和现在是一样的。还有歌曲歌唱了让自己的女儿穿上美丽的衣裳去和男子约会的场景。人们结婚的时候一般要向婚姻之神毗婆薮祈福。结婚当天，父亲先要将女儿献给苏摩、乾闼婆[②]和阿格尼这三位神，然后才能让女儿出嫁。与此同时，男子则要祈求造物主赐给自己子嗣，对阿厘耶门神发誓要和妻子白头偕老，向因陀罗神祈求幸福能够降临到妻子和子女身上。就这样，男方以全身心的爱迎接新娘入门。另外，当时还没有结婚一定要将头发中分的习俗。

① 自选是指在古印度，适婚年龄的少女可以从求婚者名单中自由选择一位男性作为自己未来的丈夫。——译者注

② 香神或乐神。——原注

和古代的其他国家一样，印度王公贵族之家也盛行一夫多妻制。印度早期没有一夫多妻制。通过后世流传的赞歌中妻妾间互相咒骂的内容来看，一夫多妻制出现的时间应该是在吠陀时代的后期。越接近该时代的末叶，一夫多妻制普及发展的程度就越高。

现在人们不允许寡妇再婚，但很明显在当时是允许的。娶了寡妇的人叫 Didhishu，再嫁的人叫 Parapurva，再婚老婆生的儿子叫 Paunarbhava。通过现存的这些单词来看，毫无疑问当时是允许再婚的。贞妇的风俗是到近代才产生的，在古代完全找不到踪迹。所谓贞妇，是指在火化亡夫时，要被一同扔进火中陪葬的妇女。该现象可能是出于对吠陀中关于火葬的赞歌中一个单词的误解。不法的僧侣将该误解当作真理，结果让无辜的人惨死。这真的是件叫人痛惜的事。

夫妻如果没有生儿子，那么所有的遗产都要传给孙子。如果有一男一女，男子就负责祭祀祖先，同时获得遗产。而女子因为要嫁人，所以不得参与遗产的分配。这就是后世风俗的萌芽。即男尊女卑的社会，儿子继承家业，祭祀祖先；在没有儿子的情况下，就将所有的遗产都传给孙子。有证据表明，在无子嗣的情况下，人们还可以收养男孩。因为有赞歌提到：别家的小孩能够带来幸福，长大后要让他回到原来的家，绝不能占为己有。这就是后来收养法的起源。

第 4 节 死 者

当时处理死者的方式有火葬和土葬两种。不过，后来人们更倾向于使用火葬。因为火葬实际上是区别白人和黑人的一种方式。野蛮的原住民将尸体掩埋于土中，并在土上立上石碑。而雅利安人则和希腊民族、罗马民族一样，认为火葬是最为严肃的方法①。雅利安人相信一个人出生后接受宗教仪式的洗礼能够获得第一次重生；死后通过火葬可以让灵魂从污秽的肉体中分离出来，获得第二次重生，继而进入第三生。这样才是完整的一生。火葬时，朋友们

① 在波斯，因为火是神圣不可侵犯的，所以他们习惯采用风葬。——原注

从四周将死者围起来，口中默念：眼睛归于太阳，呼吸化作风，四肢回归到来时的土、水、草、木中去。雅利安人相信借助火的力量，可以让不死的灵魂前往正义之国。当时轮回的思想还没有形成。围绕死者的朋友们都坚信死者一定能够前往幸福的国度，并与祖先再次相会。所以他们是唱着赞歌欢送死者的。此外，死后就要独自踏上旅途，这时就需要有引路使者，即掌管死亡的阎摩的使者——徘徊在人间的那两条狗。吠陀时代，人们相信人死后应该要前往祖先的国度，这也可以说是人生前的任务。该任务就是有必要相信神、祭拜神。因此，祭祀活动之所以有必要不仅仅是为了眼前的幸福，也是为了死后的幸福，更是为了祖先的幸福。畜牧时代，随着一家之主权力的不断壮大，形成了祭拜祖先的风俗；到了吠陀时代，尽管时代不同了，但人们在听从僧侣的话祭拜诸神的同时，依然保留着祭拜祖先的旧风俗。当时的善和恶是极其原始的概念。祭拜诸神，救济僧侣，就是善；反之则为恶。结果是善人死后得以升天，恶人则无法升天。道德的观念、因果报应的思想还未脱离物质的范畴。当时的人们似乎还未产生诸如无形的功罪之类的想法。

第 5 章 社会概述

第 1 节 农 业

古代雅利安人以农业为主。《梨俱吠陀》中有不少事例可以证明这一点。雅利安人完全不同于突雷尼民族。突雷尼民族主要以畜牧业为主，突雷尼代表的就是“迅速移动”的意思。而雅利安民族的雅利安则是“耕作者”的意思。雅利安人以胜利者自居，称呼自己为“arya”，以此将自己和蛮族区分开来。从种姓的角度来命名的话，这个时期早就有了征服者和被征服者的区别。吠陀中关于祭拜田园之神的赞歌，很大一部分都是关于农事活动的，抒发了雅利安人天生热爱农业的情感。后世文学中，再也没有作品表达对田园生活的憧憬了。

第 2 节 畜 牧

关于畜牧的赞歌没有农业的多。畜牧方面，雅利安人崇拜的神是普善。普善原指太阳，从畜牧业的角度来看，人们将普善看作是保护雅利安人迁移的神。普善因此受到世人的赞颂。雅利安人自从定居旁遮普后，就不再过从前那样寻找水源和草地的游牧生活。他们关于畜牧的赞歌似乎都是为了追忆往昔。

第 3 节 贸易和交通

吠陀本来就是关于神的赞歌，没有关于贸易和商业的内容也是理所当然的。不过，其中也有提及关于买卖成交及高利贷的内容。当时似乎已经有了流通的货币，但还没有资料表明已经出现铸造的钱币。另外，赞歌中还有涉及水路运输的内容。至于这里的航路是指海还是河，虽然已经无从考证，但应该是指河。通晓航路的神是伐楼那。伐楼那原来是天上的神，后来变成了水神。此外，吠陀中还有人们在船只遇难时向阿须云神寻求救助的赞歌。

第 4 节 家 畜

现在雅利安人驯养的动物全部都是当时人们曾使用过的动物。其中，军马是雅利安人在和黑色蛮族战斗时最有用的动物。因此雅利安人也将军马当作崇拜的对象，并赋予军马“Dadhika”之名。战时，大象也作为大王的坐骑。

被驯服的大象

吠陀中也有关于大王和军师一同坐在大象上的赞歌。但雅利安人并没有让大象参加战斗。其他家畜如牛、羊、狗等早就被驯服并为人所用。当时家畜作为主要的财产，还能用于贸易活动。战争这个词一开始是“希望得到牛”的意思。当时的雅利安人虽然以农业为主，但有时也会带着家畜到处迁徙。

第 5 节 工 艺

当时的雅利安人有布料，也有毛皮。他们有人造的车，有铁工、铜工、木工、理发师，还有其他技术工匠。在铁质的器具、武器、黄金装饰品方面，雅利安人都有了显著的发展。赞歌中不仅提到了盔甲、金色的头盔、盾、矛、手斧、剑、弓箭、箭服、战车和军鼓等各式武器，还提到了金制的马装、金首饰、宝玉、腕饰、踝饰、胸甲、金冠等。毋庸置疑，当时的军事装备、武器、装饰等工艺水平已经非常高了。此外，从铁城、石市等单词的存在来看，可以得出人们将铁、石应用于建筑中的结论。通过有使用千根柱子造的房子来看，雅利安人当时的建筑一定达到了相当高的水平。在雕刻方面，没有找到可以确定当时雕刻水平的遗迹。考古学家仍然没有找到能追溯到佛教时代的雕刻作品。

第 6 节 军 事

雅利安人进入旁遮普后，赶走了原先居住在此的蛮族。不过当时蛮族并没有俯首称臣，甘受蹂躏。因为敌不过骁勇善战的雅利安人，蛮族放弃了平原的土地，在周围的山地安营扎寨。他们伺机截断雅利安人的交通要道，掠夺财物；出其不意地攻击雅利安人的村落；妨碍雅利安人的祭祀活动，污蔑诸神。诸如此类的事屡屡发生。但蛮族没有留下任何古代遗物。我们要了解他们当时的状况，只能通过研究获得胜利的雅利安人流传下来的文献。印度白人和蛮族黑人间似乎进行了长年累月的激战。白人虽然憎恨黑人，鄙视黑人，但也害怕他们的攻击。所以印度有很多赞歌是向因陀罗、阿须云等诸神祈求能够歼灭蛮族的。这些蛮族中出现了勇士奎师那，而白人这边则出现了最后的胜利者库萨。经过长期的斗争，雅利安人才将旁遮普纳入到自己的版图。所以雅利安人十分厌恶和痛恨蛮族黑人。白人将黑人看作是乱叫的狗，看作没有舌头的民族[①]，看作猪狗不如的畜生。所以将黑人统统杀掉也是理所当然的事。胜者对败者没有丝毫的怜悯之心。另一方面，黑人始终敌不过骁勇善战的白人，他们特别害怕白人的军马。原先住在该地的黑人蛮族逃跑的逃跑，

奎师那

① 意为没有语言。——原注

被杀的被杀。渐渐地整个旁遮普都成为了雅利安人的领土。黑人中除了逃跑和被杀的，还有一些黑人对雅利安人俯首称臣，甘愿为奴为婢。就这样，雅利安人完成了向东的扩张。蛮族分裂为白人化和非白人化两个部分。因为白人总是能获得最后的胜利，所以他们就像其他获得胜利的民族一样，自信心膨胀，同时对自己的神表示崇拜，觉得自己的神要比黑人蛮族的神来得优秀。该自信心成为了雅利安人发展的巨大推动力。以上对印度不同人种间的战争做了介绍。其实属于同一种族的白人间也存在内部的冲突。大善见王威震四方。其他十个部落的白人都对他嫉妒不已。据说这十个部落的白人曾联合起来对付大善见王，后来大善见王反而将他们统统收服。大善见王不仅凭借一己之力平息了内乱，还大力保护文学和宗教。因此，当时的大仙人婆悉多和毗奢密多罗就是在大善见王的保护和厚遇下，才得以留下千古流传的巨作。当时

婆悉多阿伦达蒂

就是这样一个可以凭借武勇建立国家的时期。时势造就英雄，英雄不仅打败了黑人蛮族，还吞并了临近的其他部落。所以酋长们都祈求自己能够百战百胜；仙人们也祈求酋长们能够生出打败敌人并取得胜利的子嗣。当时的白人是以武立威的。其他几个部族的酋长也都是凭借自己的手脚闯出一番事业，保护自己的家人生命财产安全的。当时的酋长主要通过世袭制产生，有时也采用民主选举制选举。

第2篇　梵书时代

经典文学的创作和种姓制度的诞生

第6章 概 述

《梨俱吠陀》中关于恒河和亚穆纳河的记载只有两处。这说明吠陀时代的人们对这两个地方还知之甚少。雅利安人抵达萨特莱杰河后，横渡该河，继续向恒河流域前进，并在恒河流域建立了许多强国，他们还乘着新兴国家的势头，大力振兴文学宗教。我们可以在当时的史诗中找到这些国家的名字。譬如俱卢、般阇罗、拘萨罗、迦尸和毗提诃。还有其他一些小国，但都不及上述几个国家强大。史诗有两大篇，即《摩诃婆罗多》和《罗摩衍那》。《摩诃婆罗多》的主题是俱卢和般阇罗两族间的战争。诗中充满了对英勇征战场景的描写。随着雅利安人积极向东扩张，印度文明得到了迅速的发展。但与文明的发展程度成反比的是，雅利安人的武勇精神逐渐丧失。拘萨罗人民的开化程度很高。在这个民族代代相传的第二史诗《罗摩衍那》中，类似《摩诃婆罗多》中的英勇征战场景的描写并不多，着重描写的是对社会的义务、对家人的责任、对僧侣的尊敬和有关宗教仪式的执行等内容。精神方面丧失生机必然导致宗教以及社会法则的大变动。产生于旁遮普的充满活力的赞歌，最初是为了给隆重的仪式锦上添花，后来却因为仪式变得繁琐而逐渐受人忽视。该情形的结果是产生了僧侣阶级，与僧侣阶级相对应的王士阶级也随即产生，平民则沦落为低于以上两个等级的存在并服从于以上两个等级。另外，臣服于印度文化的原住民也自成一族。就这样，亘古不变的种姓制度就产生了。所谓种姓，指的就是婆罗门、刹帝利、吠舍和首陀罗。该时期的特点就是服从。平民服从于僧侣和王士，王士服从于僧侣。因此导致了僧权万能的风俗习惯的形成。该习惯的弊端也日益显现。另外，四吠陀的编纂和梵书的完成应该可以说是僧侣们留下的丰功伟绩。但到了该时期的末叶，对僧侣们制订的毫无意义的仪式感到极度厌烦的王士们怀抱新思想，开始了对真理、灵魂和世界等重大问题的思考。该思考的结果是出现了的著名的奥义书。毗提诃王遮那竭流芳百世——人们认为他是该时代的先驱。不管王士们做出多大的努力，都无法撼动具有无上权力的僧侣们的地位。下个时代各哲学流派的兴起和宗教革新的实行的间接原因就是奥义书的出现。综上所述，这个时代的主要功绩有：四吠陀的编纂、梵书的集录、奥义书的创作以及两大史诗的完成。此外，站在社会生活的角度来看，最值得注目的是种姓制度的确立。该时代应该从公元前 1400 年开始，经历了一千年的时间结束。我们称这个时代为“梵书时代”是出于命名的方便。称这个时代为“梵书时代”也是从文学的角度出发。如果从该时代的疆土范围来看，我们也可以称它为“中印时代”。另外，我们也可以称该时代为“僧权确立时代”。

第 7 章　当时的疆域

雅利安人在这个时代生活的疆域是从印度河以东出发，西至恒河和亚穆纳河交汇处，东至恒河北部。其他地方都由野蛮的原住民占领——这些原住民还未被印度文明同化。从沙漠的南部即恒河对岸的土地开始，到温迪亚山脉南边的一部分为止，形成了广阔的半圆形区域。雅利安人渐渐地对该区域开始有所了解。他们在梵书中屡屡提及该地，并将该区域叫作动物的栖息地。有时会有大胆的人进入这片膏腴之地，建立起孤立的殖民地；有时也有游历世外的仙人攀登无人的高山，或隐居到空谷不毛之地坐禅修行；还有充满冒险精神的王族为了打猎而深入偏远地带；甚至还有因为受对手陷害，被迫进入偏远无人森林中了此残生的不幸的王公。就这样，雅利安人逐渐开始了解、熟悉该区域。通过那个时代的《爱达罗氏梵书》中关于当时疆域的记载，我们可以了解到当时的世界。我们现在根据当时的印度疆域，将内外各族列举如下：

中央有强族俱卢和般阇罗，还有婆蹉和乌斯纳罗等族。东边有毗提诃、拘萨罗和迦尸各族。这些部族在文学方面和名声方面都比印度西部的古代民族优秀。特别是遮那竭和阿阇世王两位君王更是威震四方，权倾朝野，享有“全能之王”的盛名。此外，印度文明还未将印度东部地区同化。该地区当时已经存在鸯伽和摩揭陀等部族，但还未计入当时的印度疆域。

越过北部雪山，有北俱卢和北摩突罗等民族。因为这些民族没有所谓的君王，所以人们称呼他们为“维拉杰”。此外，西部有拉吉普塔纳大沙漠。因为雅利安人未能侵入这里，所以该区域居住着的人被称作比尔族的原住民——

他们长期不受雅利安人的统治。说到南部，在温迪亚山脉以北的昌巴尔河流域，住着自称“波荷加”的原住民。雅利安人将他们称作动物。他们受尽了雅利安人的轻侮。雅利安人尚未踏足温迪亚山脉以南的区域——南印。但人们知道那里住着原住民。到了教派学派兴起的时代南印还出现了著名的安德拉族。

综上所述，非雅利安人围绕着雅利安人的疆域形成了一个半圆形的区域。换言之，半圆形区域的中间就是印度当时的疆域。其中，中印主要指恒河和亚穆纳河交汇处往西的区域。严格来说，应将毗提诃排除在外。当时印度的中心就是该区域，僧权万能的基础也是在该区域建立起来的。这就是作者将这个时代命名为中印时代的原因。

第 8 章　当时的文学

上个时代的产物中现存的文献只有《梨俱吠陀》。如上所述，《梨俱吠陀》反映了当时那个时代的文化。值得庆幸的是，这个时代也有属于自己的文学产物。即《梵书》《森林书》奥义书以及两大史诗。这些文学作品中都不断提及俱卢、般阇罗、拘萨罗和毗提诃各部族的活动。这些部族的人民就是这个时代的代表。在考察该历史时期的具体状况时，上述这些文学作品都是非常重要的参考资料。在讨论这些文学作品前，我们按顺序先对四吠陀的集录做简要介绍。四吠陀的集录是这个时代的一个重要成果。

第 1 节　四吠陀的集录

《梨俱吠陀》的赞歌是上个时代的产物，但将其收集成册并以现存的形式保存下来的工作却是在这个时代才完成的。其余三种吠陀的集录也是在这个时代完成的。除了《梨俱吠陀》，人们编纂《娑摩吠陀》和《夜柔吠陀》的理由还不明了，但大多数学者赞成下述观点。从《梨俱吠陀》的赞歌中可知，祭祀时需要四种不同类型的僧侣分工合作。第一种僧侣叫作司仪祭司。他们在祭祀时要丈量土地，搭建祭坛，准备祭祀用的器皿、木头和水，宰杀祭祀用的动物等等。第二种僧侣叫作颂神祭司。他们要根据祭祀的规范，在祭祀时诵唱赞歌。第三种僧侣叫作祈神祭司。他们的任务是背诵赞歌。第四种僧侣叫作监察祭司。监察祭司的地位要高于前三者。他们监督整个祭祀活动是否合乎祭祀规范。这四种僧侣中，第四种僧侣熟知祭祀的各个方面，第三种僧侣只要知道《梨俱吠陀》的内容就可以了，所以这两种僧侣都不需要特别的指导书籍。与之相反，其余两种僧侣就需要特别的技术指导。而《夜柔吠陀》就是为第一种僧侣编写的关于祭祀仪式的书；《娑摩吠陀》就是为第二种僧侣编写的关于歌唱赞歌的书。通过《梨俱吠陀》中已经出现"娑摩"和"夜柔"的名称来看，毫无疑问，当时的人们很早就已经对赞歌和仪式有了研究。而《娑摩吠陀》和《夜柔吠陀》的编纂工作都是在这个时代才完成的。

《娑摩吠陀》的编纂者不详。根据特奥多尔·本费的调查，《娑摩吠陀》中的大部分内容是《梨俱吠陀》中本来就有的。其余少部分内容也是其他版本的《梨俱吠陀》中的内容。因此，《娑摩吠陀》只不过是人们为了某种特定的目的，将《梨俱吠陀》中的相关内容摘录出来而编成的一本书。

有关《夜柔吠陀》的编纂者，我们还知道一些信息。该吠陀分为两种：黑书[①]和白书。黑书叫作 Taittiriya-Sanhita。这个名字是根据古仙人的名字命名的，所以这位仙人应该就是这本书的编纂者。黑书现存有两个版本，也许都已经不是最初的版本了。白书完成的时间要晚于黑书，关于该书的编纂者有明确的记载。这本书叫作 Vajasaneyi-Sanhita，书的名字来源于它的编纂者瓦加萨赖耶的名字。这位仙人生活在毗提诃王遮那竭时代，作为当时的上座僧人威震四方。白书估计就是他奉了毗提诃王的旨意才编纂出来的。旧书中仪式和注释的内容混杂在一起，改编旧书的目的就是要将上述二者分离开来。分离后，将书中关于仪式的部分简化，编成新书；补充完善注释部分的内容，并将其编写成《百道梵书》。当然，《百道梵书》这一长篇巨作并不是一朝一夕完成的，而是经过了几代人的不断补充和完善才得以完成。不过该功绩还是要归于发起者瓦加萨赖耶及其保护人毗提诃王遮那竭。黑书和白书的新旧两个版本在内容的编排上存在非常明显的差异。

《阿闼婆吠陀》的权威地位得到后世承认的时间应该是在公元后了。下个时代以及再下个时代的文献都只有关于前三种吠陀的记载。但将《阿闼婆吠陀》的内容收集、编纂成书，并以阿闼婆命名的工作却是在这个时代完成的。

---

① 指《黑夜柔吠陀》，下文"白书"指《白夜柔吠陀》。下同。——译者注

瓦加萨赖耶与娑罗室伐底女神

属于《阿闼婆吠陀》中的梵书和奥义书固然承认《阿闼婆吠陀》的权威地位，但属于其他吠陀的《爱达罗氏梵书》《百道梵书》《爱达罗氏森林书》《广林奥义书》和《歌者奥义书》都没有将《阿闼婆吠陀》列入四吠陀中。特别是《歌者奥义书》，书中除了三吠陀外，也提到了阿闼婆，但却将《阿闼婆吠陀》归类到了古谈中。另外，阿闼婆和鸯耆罗都是存在于神话中的古仙人。用古仙人的名字来给新作的吠陀命名完全是为了提高这本书的价值。《阿闼婆吠陀》分为二十篇，由六千首颂组成，六分之一的内容都是用散文写的。全篇主要由关于如何躲避恶鬼、病魔、毒蛇猛兽、盗贼土匪的咒文，以及如何祈求获得长命百岁、荣华富贵、身体健康、旅行安全、赢得胜利的祈祷文构成。其中也有不少内容保存于《梨俱吠陀》中。但《梨俱吠陀》是将这一部分内容作为附录收录于全书的第十卷，而《阿闼婆吠陀》却将其作为主要内容收录。所以，《梨俱吠陀》中的赞歌得到了相对比较进步的僧侣阶层的认可，而《阿闼婆吠陀》的内容则是幼稚的迷信思想的体现。若要追溯迷信的起源，应该在《梨俱吠陀》前的时代就有了。据说能够治愈疾病的咒语不管从目的、

鸯耆罗与乔拉德维女王

意义还是从形式来说，都和出现在德国、俄国的咒语存在一致的部分。这个事例从反面证实了：迷信在雅利安民族分裂前就已经存在。还有观点认为《阿闼婆吠陀》里的赞歌在古代就已经存在，《梨俱吠陀》故意将其删去，并对该部分内容做了单独的收集编纂。因此，代表着信仰正反两面的《梨俱吠陀》和《阿闼婆吠陀》在四吠陀中显得尤为重要，是研究人类信仰发展变迁的最重要的历史资料。

《梨俱吠陀》中描述的宗教是自然的更替神教，《阿闼婆吠陀》中描述的宗教则是人格化的物神崇拜。与《梨俱吠陀》中的自然神相比，《阿闼婆吠陀》中的神更具有泛神教[①]的倾向，阿闼婆的宗教强调眼前的一切事物中都蕴含着现实的神力。古代神话的分界线已经消失，人们与其说是赞叹敬畏神，倒不如说是在利用神，或者说是将害怕的事物神化为神，并利用禁咒神灵之力来维护自己的利益。像这样，在物质方面，人们在日常生活中利用咒法神力来维护自己的利益，解释死后的世界，并专注于祭祀活动；精神方面，人们又认为神就存在于自然界的一切事物中，并希望通过修行进入神的领域，获得神的智慧。前者成为了后世物神崇拜、龙蛇信仰等的基础；后者则成为了唯心主义泛神教的基础。简言之，编纂《阿闼婆吠陀》的目的就是期望达到上下信仰的统一，并将崇高的圣典应用到日常生活中去。该举措导致了神学的兴起和奥义的开创。

第2节 梵 书

为了说明吠陀，并将吠陀中蕴含的意义发扬光大，僧侣们使用独特的笔法撰写了很多关于吠陀的说明文学。这些文学中蕴藏着数代僧侣的思想。后世将这些文学作品统称为梵书。

属于《梨俱吠陀》的梵书有两种——《爱达罗氏梵书》和《海螺氏梵书》。这两本书的书名都取自僧侣的名字。这两本书原来是同一本书，但在不同的流传过程中逐渐分化，最终成了两个版本。两本书的内容大体一致。唯一不

① 泛神教认为神就存在于自然界的一切事物中。——译者注

同的就是《爱达罗氏梵书》第十章的内容在《海螺氏梵书》中找不到——该部分的内容应该是后人加的。

据说《娑摩吠陀》中有八种类型的梵书，现存的仅有《二十五梵书》《二十六梵书》和著名的《耶摩尼梵书》。

《夜柔吠陀》的旧版黑书中有一本与它同名的梵书叫作《泰帝利耶梵书》[①]。新版白书中拥有一本梵书巨作叫作《百道梵书》。如前文所述，《百道梵书》是瓦加萨赖耶仙人创作并流传下来的。这本书无疑是属于瓦加萨赖耶仙人创立的新教派。该书的前九章是古代流传下来的内容，剩下的五章是新添加的内容。书中也包含有其他教派的内容。

《阿闼婆吠陀》中有《牛道梵书》。和其他梵书相比，这本梵书是非常新的一本著作。该书内容都摘抄自其他梵书，只是摘抄的内容进行了重新的编排。

以上只说明了梵书的数量。梵书的起源如下：随着僧侣的数量急速增加，他们的权力也越来越大。为了完成复杂的仪式，仅仅参考四吠陀中关于祭祀的内容已经不能完全满足人们的需求。人们觉得有必要对祭祀仪式进行更详细的说明，所以创作了梵书。上述梵书中，属于《梨俱吠陀》的是和祈神祭司的诵经仪式有关的；属于《娑摩吠陀》的是和颂神祭司的唱歌仪式有关的；属于《夜柔吠陀》的是和司仪祭司的祭祀供奉仪式有关的；属于《阿闼婆吠陀》的则是与祭祀没有太多直接关系的神话思辨的内容。这些文学都是以散文的形式写成的，除了包含对仪式的说明外，还包含有对教义的说明。关于这些梵书中记载的仪式和传说的考察，本书将在后续章节中另行说明。

第 3 节 森林书、奥义书

中印时代的僧侣单纯地通过诗的形式来表达自己对古神的看法。僧侣们认为并不存在至高无上的神，这都是由第一原因[②]造成的。僧侣们没有公然否

---

① 《泰帝利耶梵书》（Taittiriya）原名 Taittiriya 与黑书原名 Taittiriya-Sanhita 一致。——译者注

② 指研究万事万物的终极原因。——原注

定这些古神的存在，也没有作出任何动摇一般民众宗教信仰的举动。通过这些古神，人们发现了神力的存在，并举行隆重的仪式祭拜诸神。僧侣们一直都在传播“神是唯一的存在”的思想。研究吠陀和梵书时，他们又为这些书增添了玄奥的神学内容。人们称这些内容为“森林书”和“奥义书”。奥义书产生于这个时代的末期。正如前文所述，奥义书创作的发起人是王士阶级。下面对森林书和奥义书做更进一步的说明。

森林书是仅次于梵书的存在——其实就是梵书的最后一个部分。自古就有流传，梵书是关于在室内进行祭祀仪式的书，而森林书的内容则是在森林中进行祭祀仪式时所要诵读的——因此以森林书命名。梨俱和夜柔两种吠陀中都有与梵书同名的森林书。但娑摩和阿闼婆两吠陀中则没有。大概是这些吠陀各自的梵书中都有森林书，只不过后来可能和奥义书的内容混杂在一起罢了。森林书之所以有价值，是因为其中的内容包含着奥义书的思想。

毋庸置疑，奥义书作为古代的产物但又广为人知。人们推测奥义书完成的年代是在公元前 1000 年到公元 1000 年左右，期间经过了漫长的岁月才逐渐依次完成的。奥义书的数量非常多，但其中最古老的不过十二三种。如下：

《梨俱吠陀》中有《爱达罗氏奥义书》和《海螺氏奥义书》两种；

《娑摩吠陀》中有《由谁奥义书》和《歌者奥义书》两种；

《黑夜柔吠陀》中有《泰帝利耶奥义书》和《白骡奥义书》两种；

《白夜柔吠陀》中有《自在奥义书》和《广林奥义书》两种；

《阿闼婆吠陀》中有《剃发奥义书》《六问奥义书》《蛙氏奥义书》和《羯陀奥义书》四种。也有观点认为《羯陀奥义书》应属于《黑夜柔吠陀》。

奥义书的权威地位一得到世人认可，人们就将它收录到了《天启》中。世间以奥义书为名的书与日俱增，最终达到了两百种以上。后来的奥义书完成的年代都是在往世书时代。这些奥义书有的并没有涉及无上精神的内容，而仅仅是为了宗教的目的才编写出来。有的奥义书甚至是在印度遭受到伊斯兰教的侵略后才完成的。所以要甄别这些奥义书的创作年代并排出先后顺序，无论如何都是一件不可能完成的事。上述十三种奥义书是年代最为古老的奥义书，后世的学者商羯罗大师在给《吠檀多经》进行注释的时候，主要就是参考了这十三种奥义书。本书后续章节要讨论的奥义书思想也都是以这十三种奥义书作为参考资料。

下面列表整理一下四吠陀、梵书和奥义书三者间的关系。该表分为三层，第一层是吠陀，第二层是梵书，第三层是奥义书。

Ṛig-veda {Aitareya-bra……………………Aitareya-up.
Kaushītaki-bra……………………Kaushītaki-up.}

Sāma-veda {Tāṇḍya-bra. Kena-up.
Shaḍvinśa-bra.
Chhāndogya-bra……………………Chhāndogya-up.}

Yajur-veda
Taittirīya {Śvetāśvatara-up.
Taittirīya-br……………………Taittirīya-up.}

Vājasaneyi {Śatapatha-br……………………Bṛihadāraṇyaka-up.
……………………Īśā-up.}

Atharva-veda {Gopatha-br…………………… {Muṇḍaka-up
Praśna-up
Māṇḍukya-up
Kaṭha-up

吠陀	梵书	奥义书
《梨俱吠陀》	《爱达罗氏梵书》	《爱达罗氏奥义书》
	《海螺氏梵书》	《海螺氏奥义书》
《娑摩吠陀》	《二十五梵书》	《由谁奥义书》
	《二十六梵书》	
	《耶摩尼梵书》	《歌者奥义书》
《黑夜柔吠陀》		《白骡奥义书》
	《泰帝利耶梵书》	《泰帝利耶奥义书》
《白夜柔吠陀》	《百道梵书》	《广林奥义书》
		《自在奥义书》
《阿闼婆吠陀》	《牛道梵书》	《剃发奥义书》
		《六问奥义书》
		《蛙氏奥义书》
		《羯陀奥义书》

商羯罗大师

以上所有内容都来自于《天启》。《天启》就是记录上天启示的书。奥义书的内容被写进《天启》后，就作为经典，被人们写进了各传说[①]中。上述各奥义书不仅作为雅利安人的瑰宝，也作为全世界人民的瑰宝，被永久载入了人类文明的史册。这个时期的奥义书当然还有很多，但流传至今的就只有上述这些了，也许只是所有作品中极少的一部分。此外，这个时代还有两大史诗，关于史诗的内容将在本书的后续章节中讨论。

① 指印度传说，是圣人贤者的著作。包括上文提到的《摩诃婆罗多》《罗摩衍那》和《摩奴法典》等。——译者注

第9章　梵书概述

吠陀时代的人们为各种显著的自然现象创作了赞歌，并将这些自然现象神化。他们为诸神取名因达、瓦如纳、阿盖、苏亚等，膜拜诸神，并开始进行祭祀活动。到了这个时代，人们将祭祀活动的礼仪形式当成了重点，甚

因达

至到了对其他一切事物都置之不理的程度。该现象大概是僧侣阶级出现后带来的不可避免的结果。为了证明自己的存在，僧侣们将仪式复杂、繁琐化，并赋予繁杂的仪式崇高的意义。就这样，无论是僧侣还是信徒，都只关注仪式本身，甚至到了连神的存在都忘记的地步。记录这些繁杂仪式的书就是上述的梵书。

最初的祭祀仪式使用的是牛奶、谷子和神酒，后来发展到使用家畜、财宝、衣服和食物，再后来就发展到宰杀动物祭祀的程度。《百道梵书》中有一节内容是关于宰杀动物进行祭祀的。该内容非常奇特，大意概括如下：

最初，人们将人作为祭品献给诸神；后来，祭品由人变为马，人们将马献给诸神；再后来，祭品又由马变成牛，由牛变成绵阳，再由绵阳变成山羊，之后的很长一段时间人们一直以山羊为祭品。山羊成了最适合当祭品的动物。

远古时代人们究竟是否曾将人作为祭品，还存在疑问。麦克斯·穆勒认为吠陀时代前曾经存在人祭。毗奢密多罗也赞同麦克斯·穆勒的这个观点。威廉·威尔逊·亨特则认为或许后来的马祭就是用六百零九匹马代替了远古时代的人进行祭祀。总之，关于人祭，《梨俱吠陀》《娑摩吠陀》和《夜柔吠陀》中都没有提及，只有上述梵书中有提到。或许人祭不过是僧侣的想象罢了。

第1节 仪 式

根据《夜柔吠陀》的记载，我们将主要的仪式名称罗列如下。这些仪式都是婆罗门时代的产物，其中一些一直流传至今。

一、满月和新月的第一天进行的仪式；

二、祖先祭；

三、圣火祭[①]；

四、四月祭；

五、奉献神酒式；

六、即位式；

① 每天早上和傍晚将牛奶倒入圣火中的仪式。——原注

七、马祭；

八、燃火式；

这些都是非常重要的仪式。下面对其中的祖先祭、即位式、马祭和燃火式进行解释。

祖先祭是指死去的祖先供奉点心，将点心丢入火中。祖先祭源于在供奉神酒的同时，让祖先能享用点心这一想法。此时，一家之主要向祖先奉上线或者毛皮，并回头看着自己的妻子，口中念道："祖先们啊，请您们保佑我们安居乐业。我们一定会竭尽所能，用最好的供品来祭祀您们。这些就是给您们的衣服，请收下吧。"与此同时，妻子则怀着一定要生个男孩的愿望，吃那些点心。祖先只能由自己的子孙来祭拜，一旦后继无人，就无法享受到任何祭品的供奉。因此，对印度人来说，生前没有留下子嗣是一件让人忌讳的事。要么生个男孩，要么领养个男孩，这已经成为印度的一种宗教习惯。

即位式和马祭在古印度是最重要且隆重的仪式。根据《爱达罗氏梵书》中的记载，进行即位式的步骤如下：首先在王座上铺上虎皮，虎皮的毛皮部分要朝上，虎头部分要朝东，意为老虎是万兽之王。如果大王使用虎皮，就能使王权得到巩固和加强。大王从后方靠近王座，面朝东方，盘腿坐下，右膝着地，并用双手举起王座，口念咒文。此时，僧侣就将圣水从大王的头顶倒下，口中默念"这位就是世界之王"，最后再让大王喝下神酒。仪式就此宣告结束。此外，根据《白夜柔吠陀》中的记载，为了刚刚即位的大王，僧侣们还要向诸神祈求支配臣民的力量：向阿格尼神祈求支配家族的权力，向苏摩神祈求支配山林的权力，向布里哈斯帕提神祈求雄辩的力量，向楼陀罗神祈求支配动物的力量，向密特拉神祈求通晓真理的智慧，向伐楼那神祈求精通圣行的能力。

马祭——据说远古时代举行马祭主要是为了能生男孩，而在婆罗门时代其意义已经完全不同了。马祭是王中之王才有资格举行的仪式。人们相信，如果马祭中使用的马匹数量能够达到一百匹的话，就能够夺取因陀罗的位置，成为高于诸神的存在，并且能够支配整个宇宙。仪式的过程叙述如下：首先将拥有特殊颜色的马清洗干净，然后野生放养。在一年内，任由马儿驰骋，漂泊天下。大王亲自或者派遣亲军跟随其后。规则是如果马儿进入他国领土，就要选择与这个国家的大王战斗，或者臣服于这个国家。放了马儿的大王如果能够让马儿所到国家的所有大王都臣服于自己，就可以英勇地带领着这些战败国家的大王胜利凯旋。大王如果不幸战败，就会受到世人的轻蔑嘲笑。胜利的大王在回国之后就会将马杀掉，大摆筵席。这就是有名的马祭。总之，能够举行马祭的大王都是非常有实力且自信的王者。

燃火式是占据雅利安人一生最重要位置的仪式。当时既没有寺庙，也没有神像，所有的一家之主都有义务自己设立祭坛，制作圣火，不这样做就是对神的大不敬。婆罗门的一生要经历四个时期，即梵志、家居、森居和乞讨。经历了梵志期的婆罗门回家后就会立刻结婚，并在家里制作圣火，这就是燃火式。燃火式一般在黑月或者白月的第一天进行。要完成整个仪式需要两天的时间。首先，选定四位僧人，制作圆形和角形的火座。有时在两个火座中间朝南的方向还要摆放一个半月形的火座。其中一位僧人利用摩擦生火，并

马祭

使用五种祈祷法洗礼圆形火座，然后将火放在上面。黄昏的时候，一家之主口念诸神的名字，和妻子一起进来。此时，另一个僧人就将用两棵树摩擦生火的方法传授给他们。该做法的目的是让他们第二天早上在角形火座上制作圣火。夫妻二人将角形火座放在膝盖上，祭拜诸神。火要燃烧一整夜，直到次日清晨由另一个僧人来熄灭。以上就是燃火式的大概流程。

第2节 神 话

梵书中也有很多有趣的神话。其中最有名的是关于摩奴的神话。吠陀文献中将摩奴描写成人类的祖先。《百道梵书》中也有类似《旧约全书》中关于洪水的神话。一天摩奴在洗手的时候，一条鱼游过来说："请养我吧。总有一天我会帮上您的大忙的。"于是，摩奴就开始养这条鱼。突然有一天，这条鱼说："这几年会有洪水。您要照我说的做，准备一艘船。"后来，洪水果然来了。摩奴立刻坐上了事先准备好的船。这条鱼游过来，拉着船越过了北山，最后停泊在一棵树下。等洪水退了，摩奴下船看到所有的生物都淹死了，只有自己一个人活了下来。后来，《摩诃婆罗多》将该神话描写成梵天亲自变成一条鱼，使虔诚的摩奴免受洪水之灾。

关于创世的神话也很有意思。吠陀文献中将太阳追逐拂晓形容成男子追求情人。后来，《百道梵书》和《爱达罗氏梵书》中将该比喻描写成至高无上的造物主因为爱上了一个女子，才创造了这个世界。后世的往世书文学描写的内容则是梵天对自己的爱人充满爱慕之情，才创造了这个世界。这些奇妙的比喻都只是由追求拂晓的太阳这个故事衍变而来的。造物主其实就是催生万物的太阳的别名，那个女子就是拂晓的化身。爱慕女子是指拂晓之后太阳就会升起。

关于创世，《泰帝利耶梵书》中还有一个说法。混沌初开，除水之外，一切皆无。那时，水里生出了一朵莲花。造物主就变成野猪进入水里，将水里的泥土拱出来，延展开来，并混以沙砾巩固，最终形成了大地。《百道梵书》中也有关于该神话的两个不同版本。尽管这个时代的仪式和神话发展迅速，

摩奴与七仙人

造物主

而且变得相当复杂，但宗教方面还是和《梨俱吠陀》时代一样，崇拜自然神。《梨俱吠陀》《娑摩吠陀》和《夜柔吠陀》中的赞歌依然作为圣典被人们广泛使用。两个时代只有一个不同之处，那就是上个时代的重点是对神的崇拜，而这个时代则完全变成了对仪式本身的重视。尽管如此，后世还是出现了很多深受世人崇拜的新神。

一、在白书中，《梨俱吠陀》中的暴风雨神楼陀罗已经变成令人畏惧的破坏之神。他的名字有很多，譬如育兽者、恩惠者、慈悲者等。在这个充满变迁的时代，人们知道了湿婆的存在。湿婆作为后世杜尔迦或者迦梨女神的丈夫，深受世人崇拜。作为三位一体主神中一位的湿婆就起源于这个时代。

湿婆与帕尔瓦蒂

杜尔迦

二、《海螺氏梵书》中将伊舍那或者摩诃提婆作为最重要的神崇拜。后世认为伊舍那或者摩诃提婆也是湿婆神的别名。后世广为流传的神话的根源都来自这个遥远的时代。

三、《爱达罗氏梵书》和《百道梵书》中有神话描写到毗湿奴从阿修罗那里得到了世界的一部分后，又企图获得全世界。此外，《百道梵书》中还有神话记载，虽然毗湿奴有着高于诸神的权力，却被因陀罗取了首级。毗湿奴在后世的文学中是三位一体主神中的一位，占据非常重要的地位。

四、阿周那王子是《摩诃婆罗多》中的五位王子之一，早已在《百道梵书》的记载中成了因陀罗的化身。

五、奎师那是《摩诃婆罗多》中俱卢族的王子，在《歌者奥义书》中被描写成鸯耆罗仙人的弟子之一，还没有进入神化的领域。

上述的慈悲者、毗湿奴、阿周那、奎师那等在后来的往世书文学中都是非常重要的神。这些神话都源于这个遥远的时代。

六、与吠陀中的赞歌相比，梵书中的内容更多的是关于来世的信仰。现世的所作所为必定招致来世的因果报应。不过，轮回的思想还没有得到发展。

阿周那与苏巴德拉

阿周那

《百道梵书》中有一节很有名的关于轮回思想的描述：诸神因为很害怕死亡，所以通过执行宗教仪式让自己进入不死的境界。死神感到吃惊，就问诸神："如果人类也效法诸神，进入不死的境界，那你们还能拥有什么呢？"诸神回答道："只要还拥有肉身，就无法进入不死的境界。只有凭借个人的智慧和德行，才能进入不死的境界。当然，还要依照以往的做法，抛弃自己的肉身。"

第 10 章 奥义书概述

纷繁芜杂的梵书中记录的都是些无意义且繁琐的仪式，以及片面且幼稚的仪式说明。面对这些神秘又奇怪的推论，一些思想家终于按捺不住。他们开始怀疑这些推论是否真的是宗教的宗旨。在不举行仪式的时间里，他们开始安静地思考关于灵魂的命运、至高无上的神等问题。有学识的王士就是构筑这些健全思想的先驱者。人们认为他们的努力取得了些许成功。僧侣中也有对这些新兴教派的理论感兴趣的，为了学到这些理论，有人甚至投入新教派门下拜师学艺。关于这些内容，在后续章节里再详细阐述。下面先讨论一下最重要的教义的部分。这些教义是三千年前的产物，但其中所包含的真理和真知依然是最引人注目的部分。奥义书教义中最重要的内容可以分为四个部分，即宇宙精神论、创造论、轮回论和解脱论。

第 1 节 宇宙精神论

宇宙精神论是贯穿所有奥义书的思想，也是奥义书的精髓所在。该思想看似是近代的一种神教学说，其实并非如此。神教学说中的神都是超凡卓绝的，其内在的本质是宇宙精神。神通过创造世界，体现宇宙精神。也就是说神教学说承认造物主的存在，且造物主与他创造的世界是两种完全不同的存在。然而，奥义书中的神则不同。世间万物和神之间是流转轮回的关系。有时，世间的事物还原，变回神的一部分。神和世界不是两种独立的存在。

该真理是萨底亚羯摩·茶葩勒仙人从自然中获得的。为了将该真理传授给深爱的妻子弥勒薏，耶若婆佉仙人通过贯穿整篇奥义书的几百个譬喻、物语和传说，不停地重复着这一真理。这也是让奥义书成为世界级的文学巨作，并让奥义书的价值得以体现的原因。下面列举几个例子。《歌者奥义书》中写道：

> 一切皆是梵。这个可见的世界就是从梵中开始，在梵中结束的。所有会呼吸的生物都应该沉思。梵的本质是精神，外表是光，思想是真相。梵的本性是空[①]，一切行为，一切愿望，一切香味都来自空。空覆盖了整个世界，静默无言也无所萦怀。
>
> 梵是我心中的我，比米粒还小，比麦粒还细，比谷子和小米粒还细微。梵还是我心中的我，比地还大，比天还广，比天还阔，比整个世界还辽阔。我心中的我就是梵。

一说到神，就怕立刻想到大，大到和天空混为一谈，又怕将神说成居住在内心小房间里的小到无法形容的事物，还怕错误地认为神应该是大小有限的存在。为了避免犯上述错误，只好将神说成能够全然包含世间万物的存在，微小却无处不在。奥义书能够将这一普遍且实在的观念表达出来，真的非常了不起。古印度人将这种存在命名为“梵”或者“神”。

《由谁奥义书》中有这样的对话，弟子问：“通过谁的意志，我的心踏上了命运的征途？通过谁的生命，我有了呼吸？通过谁的意志，我能够吐字成句？通过什么样的神，我才能看得见，听得到？”导师答道：“那就是耳之耳，心之心，语之语，呼吸之呼吸，眼之眼……语言不能表达它，而语言通过它才能够表达……心意不能理解它，而心意通过它才能够理解。眼睛不能看见它，而眼睛通过它才能够看见……耳朵不能听见它，而耳朵通过它才能够听见……呼吸不能闻到它，而呼吸通过它才能够闻到……”

---

① 虽然看不见，却无处不在。——原注

此外，《歌者奥义书》中还将个人精神比喻为河流：

> 这些河流由东向西流向大海，又蒸发为水蒸气向南流动，最终回归大海。

又将宇宙精神比喻为桥：

> 只要过了这座桥，盲人就能重见光明，伤者就能不药而愈，受苦的人就能脱离苦海；只要过了这座桥，黑夜就会变成白昼，宇宙精神的世界里便充满了光明。

《剃发奥义书》中也有将宇宙精神比喻为桥的说法：

> 记住宇宙精神就是唯一的存在。丢弃所有与之相悖的事物吧，它才是不死之桥。

该说法一语道破了个人精神和宇宙精神的关系。《广林奥义书》中提到，一切的神就是真我，这个真我存在于僧侣、王士、平民、首陀乃至所有人的心中。书中还说，就像蜘蛛网是由蜘蛛结出来的，零星的火花是从火里诞生出来的一样，所有的动物、整个世界、所有的神灵和一切众生都来自宇宙精神。

从毫无意义的仪式中挣脱出来，进入沉思的深远境域，承认不可知的存在——当年那些思想家的气魄让人动容。这些人三千年以前就已经开始探索不可知的神的存在。他们的精神令人感概。对这些思想家来说，领悟宇宙精神、憧憬宇宙精神、看见宇宙精神的模样，是一件令人无比激动的事情。《自在奥义书》中描写了这种喜悦的心情，书中写道，宇宙精神是唯一的存在。它不动，却比心灵还要迅速；它休息，却飞得比世间最快的事物还快；它像空气一样，支持着万物的运作，凌驾于五种欲望之上，就算是诸神也奋力想要达到这一境界。它动，它又静；它远，它又近；它存在宇宙之中，又出现在宇宙之外。通过它能看到世间万物，通过世间万物也能看到它——宇宙精神的人，不管是谁都更加珍惜世间众生。如果知道了一切众生都只存在于神之中，承认了世间万物都是统一整体的人，就不会再有悲伤和迷惘。

在奥义书中，像这样有深意的章节和句子比比皆是。通过上述引文，大家应该对印度宗教的精髓——宇宙精神——有一定的了解了。

第2节 创造论

由于创世是个不可思议的大问题，所以人们通过各种天马行空的想象来解释世界的起源也就是理所当然的事了。《歌者奥义书》中写道：

> 最初，宇宙只有一片混沌，没有任何物质存在。经过一段时间的生长，宇宙中出现了物质。这种物质变成一颗蛋。一年后，这颗蛋一分为二，一半变成银，一半变成金。银的一半变成大地，金的一半变成天空，白的厚的外膜变成山，黄的薄的内膜变成云雾，经脉的部分变成河流，原本内含的液体变成大海。光明就产生于此。光明一产生，四方就响起欢天喜地的呼喊声，所有生命的欲望都因它而起。

书中还说，宇宙之初只有独一无二的有存在。但有人认为宇宙之初只有独一无二的无存在。如果是这样的话，因为一开始是先有无，所以应该是从无中生出了有。可到底怎样才能从无中生出有呢？实际上，宇宙之初只有独一无二的有存在。这个有变成多，通过产生的念想产生热；热又变成多，通过产生的念想产生水；水又变成多，通过产生的念想产生食物。于是，有雨的地方就能长出粮食。神在祈祷，祈祷我们能成为充满生机的三神中的一员，这样就能生出精神的存在和物质的存在。

《爱达罗氏森林书》中写道，通过呼吸，世界得以形成，因此水是世界得以形成的第一要素。爱达罗氏认为，最初，宇宙只有“我”。这个“我”送出天上的水、天空中的光、地上的生物和地下的水，而后创造了真我。宇宙就是从真我中形成的。

综上所述，对于造物主与物质起源的关系这一难题，要么赞同它，要么否定它，还没有一个统一的说法。还有观点认为，呼吸或“我”就是造物主，水才是物质起源的关键。

第3节 轮回论

如前所述，后世文学中关于轮回的思想发展十分迅速。然而，吠陀、梵书对轮回的认识都还处于一种非常模糊的状态。直到奥义书出现，才首次对轮回的思想有了明确的表述。《广林奥义书》中写道，就像蝴蝶从这一片叶子飞到那一片叶子，用自己的身体吸引叶子一样，我们也将离开现在这副肉身，远离无明状态后，靠近其他肉身，将其吸引到自己这边来。《广林奥义书》中还写道，就像铁匠从一片金属中取出一小部分，并将它锻造成新的美丽的形态一样，我们也将离开现在这副肉身，远离无明状态后，像祖先或乾闼婆、诸天、造物主、梵天那样，拥有新的美丽的形体。

有欲望的一切都将发生轮回。可没有欲望的人又将如何呢？他们已经远离外界的各种欲望，只要满足自身的欲望就够了。换句话说，只依靠自己，不管到哪里都拥有不灭的精神；抱着成为梵的信念，向梵迈进；然后像蛇将蜕下来的皮留在蚁垤一样，就算肉身死去被丢弃，解脱之后不死的精神也会变成梵，变成唯一的光明。

印度宗教的宗旨就在于今世的善根将带来来世的善果，只有领悟真知，才能和宇宙精神融为一体。说到现世，必然还有前世和来世，这是不言而喻的。

第4节 解脱论

远离世俗的解脱精神，与宇宙精神相互碰撞后，就像光明遇见光明一样，立刻融合在了一起。一部作品在追求、相信宇宙精神的热诚中创作出来。该作品是一首在当时文学界享有美名的词。《广林奥义书》中说道：

> 理解解脱论的人安静、平和、沉着、从容，能从大我中看见小我，从大我中看见一切。邪恶无法压倒他，反而是他平息了各种邪恶。邪恶无法烧死他，反而是他将邪恶烧毁。他远离邪恶，远离痛苦，远离猜疑，成为真梵后将进入梵界……

《羯陀奥义书》中提到，阎摩曾对虔诚且潜心修行的纳基凯达说明了何谓解脱论。这部分内容因兼具文学的修饰和宗教的热情十分有名。下面对该故事做一番概述：

纳基凯达的父亲将纳基凯达献给了阎摩。于是，纳基凯达住进了阎摩的城堡。过了三晚，他向阎摩许了三个愿望。第一个愿望是获得重生后一定要再和父亲相见。第二个愿望是想知道作为和上天沟通的火究竟是何物。阎摩很爽快地答应了这两个愿望。纳基凯达的第三个愿望是想知道何谓死。这是这一段

阎摩与纳基凯达

文字的核心部分。纳基凯达说："我对人的死亡心存疑问。有人说，人死之后依然存在。有人说，人死之后什么都没有了。我现在想听听您的回答。"阎摩不想说出这个秘密，希望纳基凯达能够用其他愿望代替第三个愿望，于是说："请选择让你的子子孙孙都长命百岁吧，请选择畜群、象群、金银和马匹吧，请选择拥有大地上的雄伟宫殿吧，请选择应有尽有的收成吧。如果你能想到其他和此相当的任何心愿，你就选择它吧。你也可以选择做世界之王。我会满足你的所有愿望。选择常人难以获得的任何愿望吧。选择如你心意的愿望吧。譬如乘坐华丽的马车，拥有弹奏动听音乐的美人……诸如此类世人都希望得到又难以得到的东西，我都可以赐给你。但请不要问我关于死亡的问题。"

实际上，这是将生死问题和世间珍宝进行了孰轻孰重的比较。纳基凯达是选择了成为帝王并拥有百座城池呢，还是选择了解除困扰自己已久的难题呢？他说："这些东西都会有损五根之力。世事无常，人生苦短。马你自己骑，歌你自己唱，舞你自己跳吧，这些我都不想要。"听了这番话，阎摩为之所动，终于说出了这个大秘密。该秘密是奥义书中的奥义，也是印度宗教的原理。

死神说："有两条截然不同的路驱使人们走向两个完全不同的境界，一个叫愚蠢，另一个叫智慧。在这两条路中，你选择了正确的那一条。然而，其他人就像愚蠢的人跟着愚蠢的人，盲人跟着盲人一样，徘徊在错误的那条路上，却以为自己走的是智慧那一条路。"

"目光短浅的青年被欲望冲昏了头脑，只知道今生今世。对他来说，只有现在，来世不过是一场梦。"

"智慧的最高目标就是精神。这是常人思想无法理解的不可思议的部分，高明的学者通过各种各样的手段来说明它。能够领悟智慧的人也是不可思议的。他们期望领悟不可思议的、永恒不死的实谛，并生活在烦恼之上。"

"杀人者以为自己真的将人杀死了，被杀者以为自己真的被杀了，这两者的想法其实都错了。精神是杀不死的存在。它比最小还要小，比最大还要大；小到不能再小，大到不能再大。它犯困却不休息，它的各种形式无时不在运动——总是存在于无形之中——不要妄想通过思考获得它。愚人决不会领悟它，只有精神才能了解精神。精神之外的任何东西都无法领悟何谓精神。"

“藏于黑暗之中，隐于洞窟之内，潜于九泉之下，认为旷古绝今的古代圣贤是通过定力成为神的人，其实还摆脱不了悲喜。能够将这番话铭记于心，并远离相对的观念，最终成为无处不在的人，就会有一颗欢喜的心，因为有了值得欢喜的理由。纳基凯达啊，我相信进入梵的门将会在这里被打开……”

读了该部分内容感到狂喜的亚瑟·叔本华说：“全文都是神圣的，充满了鼓舞人心的精神。字里行间都让读者产生深深的敬畏之情。在这个世界上，能够既崇高又充满神的恩惠的文献，除了奥义书，别无其他。这是我生前的安慰，死后的慰藉。”

第5节 奥义书的起源

因为人们一直将祭祀仪式全权交给僧侣，听从僧侣片面独断的说明，导致祭祀仪式——也就是宗教沦落到了这样的地步，所以王士中的一些贤明之士开始不满这样本末倒置的，徒劳无功的繁琐仪式。他们开始怀疑仪式的进行是否真的有助于获得真知。于是，他们表面上继续参加仪式，暗地里进行多角度的思考和探索，并开始探讨灵魂的命运、宇宙精神的本质等问题。就算是一向以傲慢自居的僧侣，最终也意识到了自己的想法是多么的肤浅，其中甚至有人与王士为伍，一同学习新教派的思想理论。产生于这个时代末期，标志着新思想萌芽的奥义书，其实就是这些热心刚健的思想的体现。这些思想的开拓者中，以有名的王士居多，其中最受世人尊敬的是毗提诃王遮那竭。关于这些作为开拓者的王士和僧侣间的关系，有必要多加说明。

《百道梵书》中记载了这样的故事：遮那竭王曾经问施伟多凯徒·阿垄涅耶、索玛苏希玛·萨蒂亚亚吉恩、耶若婆佉三位僧人，圣火祭祀的真意是什么？三位僧人的回答都不充分。而在遮那竭王即将乘车离去时，耶若婆佉一个人追了上去，向遮那竭王寻求进一步的说明。《歌者奥义书》中记载，上述的施伟多凯徒·阿垄涅耶僧人有一次遇到刹帝利的般婆赫拿莅芭蓠，被般婆赫拿莅芭蓠的疑难问题问得哑口无言。施伟多凯徒·阿垄涅耶僧人回去后就向自己的父亲请教，他的父亲又跑去问般婆赫拿莅芭蓠。可见，像这样的真理对僧侣姓来说是前所未闻的，这些真理是刹帝利特有的东西。这本奥义书中还记载，般婆赫拿莴芭蓠让两位大言不惭的僧侣哑口无言，然后向他们解释了至高无上神的真知。该段话在《广林奥义书》中也有记载。此外，《百道梵书》和《歌者奥义书》中还记载：无法弄清自己和神之间关系的五位僧侣，一开始向邬达罗伽・阿伦尼求解，后来结伴到阿施波泊底・凯羝夜王的宫殿，向其求解，并获得了他们想要的答案。这里的邬达罗伽・阿伦尼和他儿子施伟多凯徒・阿垄涅耶的故事在《海螺氏奥义书》中也有记载。《海螺氏奥义书》记录的是他们和奇特拉王的问答。此外，《海螺氏奥义书》中记录的婆罗门跋梨格向阿阇世王讨教的故事在《广林奥义书》中也能见到。像这样种同一个人物出现在不同的奥义书中的情况屡屡可见。内容相同的对话在不同的书中以不同的形式表达出来的情况，正好反证了年代久远的奥义书很多都是在同一个时代完成的这一事实。

除此之外，还有很多例证可以证实：对真正的教义有着深刻理解的是刹帝利。这里就不一一赘述了。这里最引人注目的是刹帝利对奥义书作出的突出贡献。奥义书起源于公元前 1000 年左右。僧侣对奥义书中的知识一无所知，真正掌握奥义书真意的是刹帝利。奥义书思想的发起人是遮那竭王。另外，教派学派兴起的时代，最终完成了宗教改革的佛教和耆那教的宗教领袖也都是刹帝利出身。这也是件值得关注的事。

第 6 节 吠陀、梵书和奥义书出现的地理位置的区别及出现时间的先后

在地理位置上对吠陀、梵书和奥义书进行区分是有意义的。吠陀的赞歌代表的是西北印度，只有其中的《阿闼婆吠陀》代表的是印度东部的瓦拉纳西；奥义书和经典代表的是印度北部和南部；而史诗中的《摩诃婆罗多》代表的是中印，《罗摩衍那》则代表以北印为中心的整个印度。

吠陀、梵书和奥义书这三种文学对待神的态度也不同。用一句话概括三种文学对待神的态度就是：吠陀中，人供奉诸神，对真神只停留在想象的阶段；

梵书中，人利用诸神，供奉的是真神；而奥义书中，人已经无视诸神，直接到达供奉真神的阶段。但这三种文学并不是完全不同的存在。梵书是对吠陀赞歌思想的继承和发扬。奥义书对梵书中的思想进行了论理性的思辨。因此，吠陀、梵书和奥义书完成时间的先后顺序就变得错综复杂。有时，最新的赞歌后边出现了最古老的奥义书；有时，最新的梵书出现在了奥义书的后面。印度和其他国家最大的区别在于，人们认为前期的产物未必都比后期的产物早出现。有的赞歌是在婆罗门时期才完成的，而有的梵书是在奥义书时期才完成的。一言以蔽之，吠陀时代末期和梵书时代初期是有重叠部分的。梵书时期，奥义书、经典及佛教的起源又是互相交错的。所以理论上我们根本无法确定到底是这个比那个完成的时间早，还是那个比这个完成的时间晚。不过，从占据时代主导地位的角度来考察的话，大体的时间先后顺序应该是吠陀、梵书、奥义书，后来又产生了各派哲学和各种宗教。

第 11 章 摩诃婆罗多

第 1 节 俱卢、般阇罗两族

遍布整个旁遮普的雅利安人根本不可能只定居在萨特莱杰河畔或瑟勒斯沃蒂河岸。他们终究还是压抑不住自己天生的勇敢特质。吠陀时代末期，富有冒险精神的部族已经踏足遥远的恒河岸边。斗转星移，朝着这片富饶的广袤原野挺进的部族接踵而至，最终在当时的德里附近建立了一个强大的国家——俱卢。该部族就是婆罗多族——因出现了大善见王而扬名。因为大善见王出生于俱卢家，所以该部族既可以称为“婆罗多族”，也可以叫作“俱卢族”。俱卢族是从旁遮普的哪个区域来的还不清楚，通过《爱达罗氏梵书》中的记载来看，俱卢族应该来自雪山另一边的北俱卢洲。在两大史诗中，北俱卢洲充满了神秘的色彩。北俱卢洲到底是什么时候形成的已经无从考证，学者们的见解也各不相同。克里斯蒂安·拉森认为形成于喀什的东面，罗梅什·琼德尔·杜特认为它就是克什米尔。公元前 1400 年，俱卢族在恒河流域建立起强大的国家，名震四方。

当时，除了俱卢族，还有一个英勇的部族在近代的根瑙杰附近建立了国家。该部族是般阇罗族。般阇罗族的来源问题更不明了。通过该部族族名的意思是“五族”来看，般阇罗族可能是从旁遮普来的。般阇罗族和俱卢族是同时期出现的。这两个部族成了印度社会的中心。他们因武勇和文明享有盛名。梵书中经常出现相关的记载。

这两个部族在旁遮普不仅从事农业和军事活动，还通过移风易俗，让社会变得更加文明。学术也得到了显著的发展。诸王接见贤者，讨论并执行复杂的祭祀仪式。这些仪式完全按照传统进行。他们还组建了精锐的军队，征收租税，任用良吏，完成了行政改革。王族武官从小就要学习骑马射箭，还要学习祖先流传下来的吠陀。僧侣将祭祀礼节和修行复杂化，保存古代流传下来的学问，帮助民众举行祭祀仪式，并教授民众祭祀的礼仪。民众都住在城里。每家每户都要制作圣火，并传承与发展各种工艺，还要将吠陀教授给年轻一代，传授他们在社会上和宗教上应尽的职责。整个社会是一个法治的社会。妇女在社会上享有正当的权利。当时还没有任何束缚妇女行为的规定。简而言之，和上个时代相比，当时的印度已经进入更加文明的阶段。和以往的社会相比，当时的社会更加健全并充满活力。

然而，文明的发展不能阻止战争的爆发。现今留存的唯一值得纪念的政史就是极其残酷的战争史，它构成了《摩诃婆罗多》的核心。参加俱卢－般阇罗战争[①]的主要是同生于婆罗多家并在同一个家庭长大的堂兄弟——般度五子和持国百子两个月亮王朝中的王族。周边的几个邻国也加入了这场战争。虽然《摩诃婆罗多》以史实为依据，但古代的诗通常都会加入神话的元素，这是毋庸置疑的。诗中的主人公般度五子和公主都是虚构的人物。尽管如此，整首诗的结构还是以俱卢－般阇罗战争这一史实为基础，详细描写了印度古代武士的生存状况——这是最引人注目的部分。该诗反映了当时的社会状况。下面对该诗做简要阐述。我们不必在意人物关系及事件本身，只要将重心放在了解恒河流域的古代雅利安人的具体情况上就足够了。

第 2 节 故事梗概

俱卢国的首都是象城。世人认为象城遗址位于现在的德里东北方约九十公里处。在说明故事梗概前，方便起见，先将诗中出现的人物及人物关系以表格的方式罗列如下：

① 俱卢－般阇罗战：即般度五子与持国百子间的战争。——译者注

般度五子与德劳巴底

<table>
<tr><th colspan="4">俱卢</th></tr>
<tr><td rowspan="7">福身王 *</td><td>毗湿摩</td><td></td><td></td></tr>
<tr><td rowspan="6">毗耶娑</td><td>持国王</td><td>难敌和他的九十九个兄弟</td></tr>
<tr><td rowspan="5">般度王</td><td>坚战</td></tr>
<tr><td>怖军</td></tr>
<tr><td>阿周那</td></tr>
<tr><td>无种</td></tr>
<tr><td>偕天</td></tr>
</table>

* 表格从左到右依次是第一代、第二代、第三代及第四代。

<table>
<tr><th colspan="2">般阇罗</th></tr>
<tr><td rowspan="2">木柱王</td><td>猛光</td></tr>
<tr><td>黑公主</td></tr>
</table>

住在象城的年迈的福身王驾崩后，留有二子。因为大王子毗湿摩发誓不结婚，所以就由小王子毗耶娑继位。毗耶娑王驾崩后，也留有二子。因为哥哥持国是盲人，所以就由弟弟般度继承王位。般度王驾崩后，留下五个王子[①]，统称般度族。因为五个王子当时的年纪都还小，所以在他们长大成人前，王位由盲人伯父来坐。英勇而具有盛名的伯祖父毗湿摩则负责处理国事。象城有一位叫“德罗纳”的人，他既是婆罗门又是武士[②]。德罗纳因为遭到旧友般阇罗国的木柱王羞辱，心有不甘，就乔装来到俱卢国，成为五个王子的师父，教授他们武术，并静静等待报仇的机会。五个王子中，大王子坚战不仅通晓武术，还精通教学，是《摩诃婆罗多》中最廉洁正直的人物；二王子怖军精通棒法，因其体形壮硕、力量超群而著名；三王子阿周那是王族中的武道第一人，他小时候就遭到盲人伯父的一百个王子[③]，即持国族的嫉妒猜忌；四王子无种精通马术；五王子偕天通晓天文。此外，盲人伯父的大儿子难敌精通棒

① 即般度五子。——译者注

② 据说当时王士和僧侣还没有完全分工，武道不是王士专有的东西，教学也不是僧侣的特权。——原注

③ 即持国百子。——译者注

法，他的棒法水平与伯祖父毗湿摩不相上下。《摩诃婆罗多》重点叙述的就是般度五子和持国百子间的战争。

适逢王子间进行武艺切磋。因为三王子阿周那武艺超群，获得了人们的喝彩，所以持国百子的面色变得很难看。持国百子被嫉妒冲昏了头脑，竟然让种姓不明的勇士迦尔纳入场比试。盲人伯父还当场将迦尔纳破格升为王士。这样做自然有他身为国王的目的。按照当时的规定，王族是禁止和王族外的人进行武艺切磋的。国王故意将迦尔纳破格提升为王士，就是为了让他打败三王子阿周那。有人提出对迦尔纳种姓身份的质疑。桀骜不驯的迦尔纳则旁若无人地答道："武士应该像河流一样，不问出处，应该凭借自身的勇武来获得人们的认可。"尽管如此，般度五子还是拒绝和他进行比试，迦尔纳愤懑不平地默默退场了。

婆罗门德罗纳对般度五子的悉心栽培没有白费。武勇精神在五位王子身上得到了淋漓尽致的体现。因此德罗纳就提出要获得奖赏。他要借助俱卢族的力量，向曾经羞辱过自己的木柱王复仇。德罗纳的请求得到了同意。国王立刻派兵攻打般阇罗国，后来割据了般阇罗国一半的土地。于是，木柱王发誓一定要报仇雪恨。

俱卢国被乌云笼罩。盲人伯父年事已高，于是将般度五子中的大王子立为储君。然而，他的长子难敌却野心勃勃。难敌不服父亲的安排，于是逼迫父亲，最终将般度五子驱逐出境。该事件为后来的大战埋下了伏笔。难敌并不满足于此，还派人跟踪般度五子，烧了他们的家，企图将他们都烧死。五个王子和他们的母亲从地下通道逃走，并乔装成婆罗门，四处漂泊。当时，般阇罗王正在为女儿黑公主招驸马，举行闻名天下的选婿大会。所谓"选婿"，是指由公主自己选择武艺最高强的人来做自己的丈夫。天下诸王、王子及所有武士为了让公主选自己为丈夫，争相前往般阇罗国的都城坎毗拉。然而，比试的难度超乎想象。当天，王族和武士全部汇集现场，观看的人也都聚集一旁，僧侣们唱起了赞歌，盛况空前。黑公主手拿献给获胜者的花环站在一边。黑公主旁边站着她的哥哥猛光，也就是这次比试的出题者。他们全都盛装出席。参赛者们摩拳擦掌跃跃欲试，结果全都败下阵来。就连早已声名在外的迦尔

福身王与渔妇
萨蒂亚瓦蒂

毗湿摩的母亲向
桑塔介绍毗湿摩

毗耶娑

般度王与
马塔昆蒂

怖军

无种

猛光

黑公主(右)

纳也以失败告终。这时，忽见一位婆罗门站起身来，弯弓射箭。箭穿过转动的车轮，射穿了放在高高的树上的金鱼的眼睛——这就是当天比试的题目。欢呼喝彩声响彻云霄，黑公主为这位勇敢的获胜者戴上了属于胜利者的花环。因为获胜者是婆罗门，所以王士中出现了很多不满的声音。大家聚集到般阇罗王的身边，强迫大王给个说法。这时，般度五子脱去了伪装的外衣，向大家说明获胜者其实是出身王族的阿周那。这样事情才得以平息。般度五子回家后向母后禀告了入选得赏这件事。母后因为不知道奖品是什么，就命令五个王子一起平分这个奖赏。因为不能违背母亲的旨意，黑公主便同时嫁给了五位王子。现在想来，般度五子和黑公主应该都是神话中的人物。

般度五子立刻和般阇罗王结成同盟，强迫盲人伯父将俱卢国分配给般度五子和持国百子。分配并不公平，般度五子分到的都是不毛之地。尽管如此，般度五子辛勤开垦荒地，最终建立了都城因陀罗普拉沙[①]。人们认为，该都城的遗址位于现在的德里。大王子坚战随即即位。大王子所行之事都出自正义，但他不善赌博。充满嫉妒之心的难敌，就向大王子挑战赌博。大王子逢赌必输，结果财产尽失，输掉了国家，输掉了自己，输掉了兄弟，连深爱的皇后都输掉了，以致所有人都要为奴为婢。因为盲人伯父从中斡旋，这笔账才一笔勾销。谁知大王子再次赌输，这次事态变得无法挽回。黑公主对该结果表示不服。难降[②]扯住黑公主的衣服，将黑公主拉到民众跟前。难敌还迫使黑公主跪在自己脚下。就在般度五子热血沸腾、义愤填膺、怒气冲天的时候，年迈的国王来了。他制止了这场纷争，并做了判决。般度五子从此失去了整个王国。众人虽然免于为奴为婢，但必须浪迹天涯十二年，在第十三年的时候，还要隐姓埋名。在这一年时间里，如果持国百子没有发现他们任何一个的话，他们就可以重归故土。就这样，般度五子再次被驱逐出境，浪迹天涯十二年。在第十三年的时候，他们隐姓埋名，为毗罗吒王奎师那效力。大王子教国王赌博；二王子掌管厨房；三王子教公主们唱歌跳舞；四王子主管马匹；五王子管理家畜；黑公主则成为王后身边的婢女。

---

① 即天帝城。——译者注

② 持国百子中的二王子。——译者注

难降扯住黑公主的衣服

然而，厄运并没有就此结束。王后的一个弟弟为黑公主的美貌所倾倒，想要侮辱黑公主。毗湿摩非常生气，偷偷杀了王后的这个弟弟。持国百子中的两三个王子又来偷家畜。在他们要离开的时候，碰上了阿周那。阿周那忍无可忍，全副武装将家畜追了回来，但也因此暴露了般度五子的行踪。隐姓埋名一年的时间是否已经过去，关于该问题的讨论最终没有结果。般度五子于是派出使者，希望可以回到自己的国家，但遭到持国百子的拒绝。于是，一场旷古绝今的大战拉开了序幕。当时有名的部族全都加入了这场战争。天下一分为二，双方大军在俱卢之野交战。双方恶战十八天。战争的惨烈状况真是前所未闻。阿周那杀了毗湿摩，德罗纳杀了他的宿敌木柱王，木柱王的儿子为父报仇又杀了德罗纳，怖军杀了曾经侮辱过黑公主的难降。最后，阿周那又和他的宿敌迦尔纳大战，随即杀了迦尔纳。战争进行到第十八天，怖军和难敌间进行了一场大战。难敌曾一度逃跑，后因无法忍受骂声和诋毁，

俱卢族与般度族在俱卢之野交战

又调转车头再次迎战，终因不敌对手，败下阵来。因为难敌曾经蹂躏黑公主，让黑公主跪在自己脚下，所以他最后被斩断两膝致死。大战并没有就此结束。当天夜里，德罗纳的儿子又攻入敌军阵营，杀了木柱王的儿子，替自己的父亲报了仇。至此，这场腥风血雨才算完全过去。这场战争的结果是持国百子全数战死，般度五子的亲人和朋友也全部战死，只剩下般度五子活了下来。盲人伯父退位让贤，大王子坚战继位成为国王，治理象城，统一天下。大王子坚战还举行了马祭，祈求消除罪障，并昭告天下自己是世界之王。

第 3 节 结局以及完成年代

以上就是《摩诃婆罗多》的故事梗概。人们认为该故事是这部史诗中最古老的部分，至于其他部分都是后人追加的。后人最先追加的是这个故事的结局。

盲人伯父因为丧子之痛，不停地责骂般度五子，最终带着少数的臣子和随从、年迈的皇后及自己的弟媳妇，也就是般度五子的母亲离开了王宫，隐居山林，后来死于山中大火。般度五子因此追悔莫及，放弃了整个国家，和黑公主及忠犬结伴，前往须弥山山顶，想要进入天界。但路途凶险。路上大家相继倒下，最后只剩大王子和忠犬历尽千辛万苦来到了天门之处。因陀罗非常高兴地迎接他们的到来。大王子说："如果您不允许四个弟弟和黑公主也进入天界的话，我也绝不进去。"因陀罗同意了他的请求。大王子又提出要让忠犬也进入天界，结果触怒了因陀罗。大王子才看了一眼天门，就被贬下地狱。在地狱中，他看见了很多过往的朋友在受苦，终于下定决心，与其独自在天界享乐，不如和大家一起在地狱受苦。其实这是因陀罗对他的试炼。大王子的这一决心让因陀罗十分满意。于是，所有的惨淡光景都化为幻影。般度五子全部登上了天界，在因陀罗左右侍候，幸福地生活了下去。虽然这是《摩诃婆罗多》的最终结局，但《大行程》和《上天》这两个章节都是后世追加的部分。《摩诃婆罗多》中最古老的部分是以公主选婿为中心，对古代武士的光景进行描写的部分。

与描写阿周那与奎师那间问答的著名的《薄伽梵歌》[①]一样，著名的那罗王的故事也是后世追加的。毗纽天系谱的哈日传奇也是后世的作品。

一些观点认为《摩诃婆罗多》是毗耶娑仙人创作的，完成的时间是公元前 3101 年。这完全是编造的说法。Vyasa 这个单词的意思是"整理者"。据说，因整理编纂吠陀被命名为"毗耶娑"并由此变得有名的人一共有二十八个。所以该说法根本与史实不符。根据近年来的研究，《摩诃婆罗多》完成的时间应该是公元前 12 世纪。通过下个时代的经典文学引用它的情况来看，该史诗原始的部分最早应该是在这个时代完成的，而后又经历了长年累月的修改，其间至少经历了三次大的增订，最后才以现存的形式呈现在世人面前。《摩诃婆罗多》由最初的八千八百颂，增加到了二十二万行，成为旷世巨作，被认为是神话传说的百科全书。号称西方长篇巨作的《荷马史诗》也不过一万五千六百九十三行，由此可见《摩诃婆罗多》篇幅之浩瀚。《摩诃婆罗多》

① 《薄伽梵歌》是印度古代史诗《摩诃婆罗多》中的宗教哲学诗。——译者注

中的核心部分只占全诗的四分之一，不超过五万行。故事梗概已经在前文中详细叙述过。

通过《摩诃婆罗多》这一长篇史诗，我们可以知道：当时诸王统治着大国，社会已经进入非常开明的阶段；雅利安人没有失去吠陀时代的武勇精神，保留了“最后的决定要通过战争来达成”的传统；种姓的区别还不明显。

第 12 章　罗摩衍那

第 1 节　故事梗概

住在恒河和甘达基河间的部族是拘萨罗族。该部族的大王十车王建都于阿约提亚，都城遗址保留至今。在后宫佳丽中，十车王特别宠幸的妃子有三位。她们是罗摩的母亲高莎莉亚、婆罗多的母亲吉迦伊以及罗什曼纳和沙出格纳的母亲苏米特拉。十车王年老的时候想把王位传给长子罗摩，但上述第二个妃子吉迦伊请求大王立自己的孩子为储君。老迈的大王意志薄弱，改立婆罗多为太子，并下旨流放罗摩王子十四年。在这件事发生前，罗摩在选婿比试中胜出，成了毗提诃王遮那竭女儿悉多公主的驸马。阿约提亚的城民祝福罗摩王子成为储君，四面八方响起欢呼声。就在这时，国王降旨流放罗摩王子。城中的民众无不悲伤而泣。但王子一片孝心，对父王的这个决定丝毫没有反抗，连怨恨都没有，就离开了阿约提亚城。只有忠诚的弟弟罗什曼纳和忠贞的悉多公主追随着他。三人先后拜访了波罗那伽的巴拉瓦伽和奇特拉库特的蚁垤的仙居。年迈的十车王因为和罗摩王子生离，悲伤过度而驾崩。弟弟婆罗多找到罗摩王子，请求他回城。罗摩王子不想违背当初的誓言，但又念及兄弟情义，于是他决定流放的年限一满就立刻回国继位，在此期间，由婆罗多代替自己治理国家。随即，罗摩王子就开始了流放生涯，依靠哥达瓦里河的水源，漂泊在蛮族居住的檀特山的森林中，就这样过了十三年。

此时，有一位叫“鬼王罗波那”的人统治着南印和楞伽岛。他听说悉多

吉迦伊与曼塔拉

悉多公主

公主美丽绝伦，于是趁罗摩王子不在的时候抢走了悉多公主。罗摩王子开始寻找悉多公主。历经千辛万苦，他终于打听到了公主的消息。罗摩王子决定在南印的蛮族[①]的帮助下抢回公主。此时，还有一位蛮族的大王，叫“波林”。波林的弟弟苏格里瓦想要抢夺哥哥的王位和妃子。于是，罗摩王子帮苏格里瓦得到了他想要的东西。最后，得到了苏格里瓦帮助的罗摩王子联合蛮族猿熊一起攻打楞伽岛。作为先锋的总督猿将哈奴曼飞渡九十六公里的海峡，终于发现了悉多公主，并将罗摩王子的戒指交给她。随后，哈奴曼放火烧了罗

罗摩王子与苏格里瓦相遇

① 指猿熊。——原注

哈奴曼找到悉多公主

波那的宫殿。回程途中，哈奴曼在海峡间架起了一座石桥[①]。罗摩军队过了这座石桥，包围了罗波那城。罗摩王子的剑是有魔力的。再加上王子神奇的咒语，罗波那的军队节节败退。鬼王之子因陀罗耆特驾着黑云前来进攻，结果被罗什曼纳所杀。于是，鬼王亲自出马，杀了罗什曼纳。但罗什曼纳吃了哈奴曼的灵丹妙药后复活了。鬼王的一个弟弟维毗沙纳将打败鬼王军队的秘诀传授给了罗摩王子，导致鬼王军队全军覆没。最后，罗摩王子杀了鬼王，救出了悉多公主。悉多公主依照古法跳入火中而未受半点烧伤，以此证明自己还是处子之身。流放十四年的期限已经过去。罗摩王子带着悉多公主回到阿约提亚城继位，并举行马祭，昭告天下新的君王已经诞生。

① 这里本来就有一座石桥，将其归功于罗摩军队的不可思议的力量，是叙事诗的夸张描写。——原注

罗什曼纳杀死
因陀罗耆特

哈奴曼向罗摩王子
和悉多公主致敬

适逢国内大饥荒，罗摩王认为这是老天爷对自己过去犯下的罪过的惩罚，于是开始怀疑悉多公主的贞操。民众也开始对此有所怀疑。罗摩王随即将悉多公主流放。可怜的悉多公主投靠了蚁垤仙人。此时公主已经临盆在即，于是就在蚁垤仙居生下了俱舍和罗婆这对双胞胎。蚁垤仙人创作了罗摩谈，并将罗摩谈传授给他们。十六年后，有一天外出巡游的罗摩王发现了这两个奇异的少年，又听他们念了罗摩谈的诗，知道了他们是自己的孩子，悲喜交加，怀着悔恨之心抱住了自己的两个儿子，并决定和悉多公主重续旧情。但民众仍然对公主的贞操心存疑问。而罗摩王又不愿意违背民意。于是，忠贞顺从的悉多公主怀着满腔的悲痛长眠于地下了。

第2节　罗摩王子和悉多公主

以上就是《罗摩衍那》的故事梗概。我们不确定该史诗是否适合作为历史资料，但通过诗中对当时社会现状的描写来看，它绝对是非常珍贵的参考

悉多公主投靠蚁垤仙人

蚁垤仙人与俱舍和罗婆

资料。雅利安人征服了中印地区，用印度文明同化了该地区，然后进一步东进，企图继续征服东印地区。然而，有关该时期的历史资料都没有保存下来。通过《罗摩衍那》，我们只知道雅利安人在毗提诃、拘萨罗和迦尸建立了强国。《罗摩衍那》是留存下来的唯一一份了解这一历史时期状况的文献资料。纵观当时的天下，俱卢和般阇罗两族的时代已经过去，雅利安人的势力向东部延伸。以甘达基河为界，拘萨罗族占据西边，东边则是毗提诃族的领土。毗提诃族异常强大，他们的文明的发展速度不可小觑。遮那竭王更是一个伟大的人物。他是悉多公主的父亲，在诗中也是一个关键人物。虽然有点偏题，但这里还是有必要对该人物做一番介绍。遮那竭王不仅将自己的势力延伸到了最东部的区域，还网罗天下贤能之士。当时的迦尸王阿阇世也极力提倡文学创作，但文人们还是发出感叹说："啊，所有人中只有遮那竭王才是我们的保护者，大家都去他的身边吧。"由此可见遮那竭王礼贤下士的程度。遮那竭王之所以如此有名，完全要归功于学僧耶若婆佉。有关这位僧人的情况可以参考四吠陀集录部分。使遮那竭王更有名的是，他还是奥义书思想的发起人。在印度的宗教发展史上，这也是不可忽视的部分。相关内容可以参考奥义书起源部分。《罗摩衍那》的作者在这一长篇史诗中讴歌了遮那竭王，使遮那竭王威名远播，让后世子孙对他敬仰膜拜。这应该算是一种奇妙的缘分吧。大概是因为作者将后世发生的故事和古代贤王的名字联系在了一起。

和《摩诃婆罗多》一样，《罗摩衍那》虽然也有基于史实的部分，但作为主人公的罗摩王子和悉多公主都是早就存在于神话中的人物。“悉多”这个词是“畦畔”的意思，早在《梨俱吠陀》中就得到神化，作为女神为世人崇拜。毫无疑问，该诗中出现的公主是将雅利安人进行的农事神化并赋予它人格后的产物。后来，随着农事逐渐向东、向南发展，描写田埂化身的女神被绑架到南印的文学作品产生了。再加上人们将女神刻画成具有可爱、忠贞和顺从性格的人物，因此让她成为有史以来最贤明最神圣的遮那竭王的女儿，再合适不过了。那么，作为守护者的女神的丈夫，拘萨罗国的国王罗摩又代表着什么呢？往世书文学中认为他是作为毗纽天化身的“拿着锄头”的凡人。但当时人们对毗纽天的崇拜还没有十分盛行。因陀罗依然是人们崇拜信仰的中心。所以，罗摩应该是因陀罗的化身。人们赞颂他，是因为他能够带来雨水，帮助农作物生长。因此，在经典文学中女神悉多和因陀罗配成了一对。毫无疑问，《罗摩衍那》通过描写和《摩诃婆罗多》中的阿周那一样英勇的罗摩的故事，讴歌了赶走恶鬼乌里特那的因陀罗。有关因陀罗的神话故事非常多。在北印的战争史诗中，因陀罗化身为骁勇善战的阿周那；在征服南印的史诗中，大诗人又将因陀罗刻画成文武双全的罗摩。最终，两大史诗得以圆满完成。世人无不惊叹印度诗人的非凡才华。后来在印度，人们将悉多公主当成德妇的典范。人们尽管不想过像悉多公主那样坎坷的人生，却希望自己能拥有像悉多公主那样美好的品德。说到罗摩王子，虽然他的品性终究不如悉多公主，但他的孝心和对神的虔诚之心还是值得后人效法学习的。像《罗摩衍那》这样，能够在长达三千年的时间里对雅利安人的品德教育产生有利影响的文学作品还是极少见的。该影响是文学作品带来的额外收获。

第3节 《罗摩衍那》的完成年代及其与《摩诃婆罗多》的比较

《罗摩衍那》的完成年代不明。人们虽然不知道《摩诃婆罗多》的作者，但可以从经典文学对该史诗引用的角度反证它完成的年代。与此相反，人们虽然知道《罗摩衍那》的作者是蚁垤仙人，但无从考证该史诗完成的年代。虽然雅利安人发现和征服楞伽岛是在公元前5世纪，但在此之前人们早已知道这座岛。《罗摩衍那》中将温迪亚山脉以南的部分称为印度南部，将住在这里的蛮族和猿熊看成同一个部族。从这点可以看出，印度文明已经将到哥达瓦里河岸为止的部分全部同化。因此有观点认为，《罗摩衍那》应该是在下个教派学派兴起时代前就已经完成。所以，原版的《罗摩衍那》和原版的《摩诃婆罗多》一样，应该都是在婆罗门时代完成的。通过作者蚁垤仙人生活的年代，人们猜测《罗摩衍那》应该是在公元前1000年前完成的。某些观点认为《罗摩衍那》中的一部分可能比《摩诃婆罗多》完成的年代还要古老。不过，一般认为《罗摩衍那》现存版本的完成时间应该是在《摩诃婆罗多》之后。《罗摩衍那》共七卷，四万八千行。构成全篇框架的是雅利安人将农事普及到中印和南印，以及农民杀害蛮族这两个部分。诗中对婆罗门时代末期的世态人情做了详细的描写。《罗摩衍那》是研究婆罗门时代的宝贵资料。

值得注意的是，和《摩诃婆罗多》相比，《罗摩衍那》中王士间流行的尚武之风已经呈现衰退之势；民众对僧侣表现出更多的服从，就连才德兼备的遮那竭王也服从于僧权。此外，诗中对罗摩王子打败了婆罗门武士“持斧罗摩”这件事进行了长篇的辩护。据说，号称“持斧罗摩”的婆罗门会颠覆整个刹帝利。不过，现实中这样的人可能未必存在。诗人只不过是想借助罗摩王子的力量打破婆罗门所向无敌的神话。当时，刹帝利和婆罗门间已经存在竞争，甚至是斗争。该现象在奥义书中有充分的体现。有关这方面的内容将在种姓的章节中进行阐述。如上所述，这个时代虽然在文化方面有了显著的发展，但社会盛行崇文之风也是事实。最能体现公元前13世纪征战杀戮状况的要属《摩诃婆罗多》。《罗摩衍那》中则更多地体现了公元前11世纪左右的崇文之风。前者的中心是古代的传说，后者的中心则是譬喻。前者叙述的是德里的月亮王朝，后者记录的是阿约提亚的太阳王朝。两篇史诗中都包含着位于印度中部的东西两个强国的传说。

第 13 章　日月王统

后世的往世书中记载着古代王国的血统和古代的传说。“往世”这个词是“古老”的意思。《歌者奥义书》中有关于《梨俱吠陀》《夜柔吠陀》《娑摩吠陀》《阿闼婆吠陀》及古传的描述，所以《歌者奥义书》应该是通过代代人民口头相传从远古保存下来的。该书的原版早已失传，现存的版本是往世书时代编纂后又几经删改的版本。该版本不是很完整，但通过它人们可以对古代传说的情况有一个大概的了解。

俱卢王族自称是从月界下凡来到人间的。拘萨罗王族则自称是日天的孙子甘蔗王的后代。因此人们将前者命名为“月亮王朝”，将后者命名为“太阳王朝”。根据往世书中的记载，俱卢 - 般阇罗大战前，太阳王朝在位的是第九十三代国王，月亮王朝在位的是第四十五代国王。下面根据《毗湿奴往世书》中的记载，将月亮王朝的世系更迭整理在下面的表格中。值得注意的是，不同的传说对该内容的表述可能并不完全一致。

<table>
<tr><th colspan="3">月亮王朝</th></tr>
<tr><td colspan="3">仙人</td></tr>
<tr><td colspan="3">月</td></tr>
<tr><td colspan="3">水星神布陀</td></tr>
<tr><td colspan="3">洪呼王</td></tr>
<tr><td colspan="3">长寿和五个弟弟</td></tr>
<tr><td colspan="3">友邻王和三个弟弟</td></tr>
<tr><td colspan="3">迅行王和五个弟弟</td></tr>
<tr><td>雅达瓦王朝</td><td>保拉法王朝</td><td>迦尸王朝</td></tr>
<tr><td>长兄雅度</td><td>布卢和三个哥哥</td><td>克沙特拉夫里德哈</td></tr>
<tr><td>克罗什图和三个弟弟</td><td>阇那弥阇耶</td><td>苏霍特拉</td></tr>
</table>

维里伊里瓦特	波罗耆恩般	卡萨
斯瓦希	波罗毗罗	卡西拉亚
鲁萨古	马纳苏	迪尔加塔马斯
奇特拉塔	阿巴亚达	丹万塔里
萨萨宾杜	苏杜尤姆纳	凯图马
普里图斯拉夫	波胡毗陀	比马拉塔
塔马斯	商耶底	德罕温塔里
乌萨纳斯	罗胡婆底	普拉塔达纳
西特厄斯	鲁陀罗湿婆	迪乌马特
鲁查卡	里泰尤和九个弟弟	萨特鲁吉特
帕拉夫里特	兰蒂那拉	瓦察
贾马加	坦苏	里塔德瓦亚
维达尔巴	阿尼拉	阿拉尔卡
克拉塔	豆扇陀	桑纳蒂
昆蒂	婆罗多	苏尼莎
夫里什尼	巴凡曼玉	萨蒂亚凯图
达萨哈	波哩呵陀刹陀罗和几个弟弟	维布
维约曼	苏霍特拉	苏维布
久穆塔	诃湿底统治象城	苏库马拉
维克里蒂	阿阇弥陀和两个弟弟	迪赫里什塔克图
比马拉塔	哩刹和几个弟弟	瓦伊纳霍特拉
纳瓦拉塔	商婆罗那	巴尔加
达萨拉塔	俱卢	巴尔加布希姆
萨库尼	阇诃奴和几个弟弟	
卡拉姆比	苏罗陀	
德瓦拉塔	毗杜罗陀	
德瓦克斯塔拉塔	娑哩婆报摩	
马杜	阇耶陀舍那	
阿纳瓦拉塔	罗毗衍	
库鲁瓦察	婆菩迦	
阿努拉塔	恰羯罗陀陀	
普鲁霍特拉	提婆底提	
安苏	哩刹	
萨瓦塔塔	毗摩	
安达卡和六个弟弟	波罗底波	
巴哈马纳	福身王和两个弟弟	
维杜拉塔	般度王	
苏拉	持国王	
萨曼	坚战	
普拉季克沙特拉	帕里克什特	
斯瓦扬布霍亚	亚纳梅贾亚	
赫里迪卡	希坦尼卡	
德瓦米杜沙	阿斯瓦德哈达塔	
苏拉	阿德希玛克里希纳	
瓦苏戴瓦和九个弟弟	尼查克鲁	
奎师那和巴拉拉马	乌什纳	
	奇特拉塔	
	弗里什曼特	

	苏什纳	
	苏尼莎	
	里查	
	尼克哈什什	
	苏哈巴拉	
	帕里普拉瓦	
	苏纳亚	
	梅德哈文	
	扬梅杰	
	姆里杜	
	蒂格马	
	弗里亚达	
	瓦苏达纳	
	希坦尼卡二世	
	乌达亚纳	
	阿希纳拉	
	哈恩迪塔帕尼	
	尼拉米特拉	
	克舍马卡	

通过上述表格可知，月亮王朝中有两大王族，即雅度和布卢两位国王的子孙。而奎师那属于雅度王族，般度族的般度五子属于布卢王族。他们都出现在了《摩诃婆罗多》中。正如前文中详细描述的，般度五子是俱卢－般阇罗大战的核心人物。

不同的传说对太阳王朝的记载也会有所不同，但关于主要人物，所有传说中的记载都是一致的。下面根据《毗湿奴往世书》中的记载，将太阳王朝的玉牒罗列如下，以供研究者参考。

太阳王朝			
甘蔗王			
阿约提亚王朝		米提拉王朝	
维武希	阿尤塔尤斯	尼米	斯鲁塔
卡库茨塔	里图帕纳	遮那竭	萨斯瓦塔
阿雷纳斯	萨尔瓦卡马	乌达瓦苏	苏德汉万
普里图	苏达萨	南迪瓦尔达纳	苏萨萨
维斯瓦加希娃	绍达萨	苏凯图	苏苏鲁塔
阿尔德拉	阿斯马卡	德瓦拉塔	贾亚
尤瓦纳斯瓦	穆拉卡	布里哈杜克塔	维贾亚
斯拉夫塔	伊拉维拉	马哈韦里亚	丽塔
布里哈达斯瓦	维斯瓦萨哈	萨蒂亚德里蒂	苏纳亚
库瓦拉亚斯瓦	哈特沃加	迪赫里什塔克图	维塔哈维亚

德里达斯瓦	迪尔加巴胡	哈里亚斯瓦	迪里蒂
哈里亚斯瓦	拉古	马鲁	巴乌拉斯娃
尼昆巴	阿亚	普拉蒂班达卡	克里蒂
桑哈塔斯瓦	达萨拉塔	克里塔拉塔	
克里萨萨瓦	罗摩	克里塔	
普拉斯纳吉	库萨	维布达	
尤瓦纳斯瓦	阿蒂蒂	马哈德里蒂	
曼达特里	尼沙达	克里蒂拉塔	
普鲁库察	娜拉	马哈罗曼	
特拉萨达苏河	纳布斯	苏纳纳罗马	
桑布胡塔	潘达里卡	赫拉斯沃罗马	
阿纳兰亚	克谢马丹万	西尔达瓦伊	
普里沙达斯瓦	德瓦尼卡	巴努马	
哈里亚斯瓦	阿希纳古	萨塔迪乌姆纳	
苏马纳斯	帕里亚特拉	苏奇	
特里德汉万	达拉	乌尔贾瓦哈	
特拉亚鲁纳	查拉	萨蒂亚德瓦亚	
萨提亚瓦塔	乌克塔	库尼	
哈里斯钱德拉	瓦伊拉纳巴	安亚纳	
罗希塔斯瓦	桑哈纳巴	里图吉特	
哈里塔	杜希希塔斯瓦	阿里什塔涅米	
春初	维斯瓦萨哈	斯鲁塔尤斯	
维贾亚	希兰亚纳巴	苏帕斯瓦	
鲁鲁卡	普希亚	桑贾亚	
弗里卡	德鲁瓦桑迪	克舍马里	
拉胡卡	苏达纳	阿雷纳斯	
萨加拉	阿尼瓦尔纳	米纳拉塔	
阿萨马贾斯	锡吉拉	萨蒂亚拉塔	
安苏马	马鲁	萨尼亚拉蒂	
迪利帕	普拉苏苏鲁塔	乌帕古	
巴吉拉塔	苏桑迪		
斯鲁塔	阿马沙		
纳巴加	马哈斯瓦		
安巴里沙	维斯拉塔瓦		
辛德赫德维帕	布里哈德巴拉		

上述表格中的罗摩就是《罗摩衍那》中的主角。

这些古代文学一半基于史实，另一半只是传说。王位传了这么多代，不难想象俱卢－般阇罗战争从远古时代就已经开始。各种证据显示，该战争开始的年代甚至可以追溯到旁遮普时代。本书在讨论下个时代的摩揭陀王统时，还会对该战争的年代做一番大致的推测。

第14章 社 会

第1节 种 姓

种姓制度确立的经过：印度在数千年间没有同其他国家有过任何交涉，这实属罕见。结果有利也有弊。说到利，良好的气候、肥沃的土地、长年的和平岁月孕育出了伟大的印度文明；各种类型的教派学派也得到发展。说到弊，随着社会的发展，各种繁文缛节束缚了民众的自由，削弱了民众的势力。印度之所以形成了几千年牢不可破的种姓制度，其实是从另一个方面展现了人心的无力。“种姓”这个词，是颜色的意思。种姓的称呼是作为胜利者的白人用于称呼服从自己的蛮族黑人的叫法。一开始是出于用颜色区分两大阶级的考虑。这在讲述上个时代的章节中已经做过介绍。简单来说，种姓是区分印度民族和非印度民族的标志。不过，后来白人中间也因为分工的不同，产生了婆罗门、刹帝利和吠舍三种不同种姓。这三种种姓都是派生出来的，指的都是白人。而与此相对的非印度人则被称为“首陀罗”，一生都要受人歧视。一出现，种姓就成了不可动摇的法则。因为白人和黑人蛮族的区别在上个时代已经存在，所以这里不再赘述。白人中的三种种姓的分化在这个时代已经大体形成，但还没有像后世那样，不同种姓间存在着不可逾越的鸿沟。接下来就对这个时代的种姓分化的状况做一番叙述。首先是婆罗门。僧侣作为一种特殊的职业，可以在父子间相传。这在上个时代末期已经存在倾向。到了这个时代，仪式逐渐变得隆重且复杂。再加上几个强国的崛起，各种大型仪式总在不停地举行着。因为只有僧侣精通复杂的仪式，所以僧侣自然成了凌驾在一般民众之上的存在。最终，僧侣被视为一种特别优秀的阶层，区别于一般民众。作为一般民众，他们也认为，僧侣既然能够精通如此复杂的仪式，就应该单独负责举行神圣仪式的工作。此外，再混合一点历史，增添一点想象，婆罗门就这样产生了。自此以后，婆罗门理所当然地被禁止和一般民众通婚。当时，虽然婆罗门男子可以和其他种姓的女子结婚，但婆罗门女子绝对不可以嫁给其他种姓的男子。该习惯日积月累，最终成了近代不可动摇的教条法则。

其次是刹帝利。刹帝利的起因和婆罗门一样。上个时代的王族并没有什么特别之处。他们与大善见王一样，与其说是高高在上的王者，不如说是一族的统率者和保护者。东进后，俱卢和般阇罗两族中尚未出现特殊的种姓。然而，在拘萨罗和毗提诃等民族中，太平盛世导致王权得到了很大的扩张。与低贱卑微的一般民众相比，人们将王士看作高高在上的存在。刹帝利应运而生。此后，王族的女儿不可与一般民众通婚的法则出现了，最终演变成牢不可破的制度。该制度规定，王族的女子可以嫁给权贵，但绝不可以嫁给一般民众。

种姓产生的原因十分简单，就是因为分工的不同。后世的文学作品对该制度的产生参杂一些传说，混合一些神话，导致种姓的起源逐渐变得不明了。不过，还是能从这些文学作品中找到一些蛛丝马迹。《伐由往世书》中记载，种姓制度一开始并不存在。后来，梵天为了区分分工不同的人，才建立起种姓制度。此外，《摩诃婆罗多》和《罗摩衍那》中都有跟后世的文学类似的，关于四种姓是由梵天的身体幻化而来的神话传说，不过都是以比喻的方式对种姓制度的产生作出说明。

种姓的相关内容：在种姓产生的过程中，僧侣和王士间难免会起冲突。该冲突经历了一段相当长的岁月。本来婆罗门是指自称吠陀古仙人后裔的那些人。但从种姓的角度来看，这些古仙人中最有名的那七八位又属于刹帝利。后世僧侣企图占有最高地位，王士自然就不服了。因此，在僧侣利用自己的权力企图让婆罗门成为世袭制时，僧侣和王士间的争权夺势就开始了。后世的往世书在完成时，僧侣们就想尽一切办法企图将该纷争掩盖掉。他们的主要方法就是利用神话的方式来描述种姓的形成。但通过调查古代的其他文学作品，不难发现有关该争论的一些线索。早在吠陀时代，毗奢密多罗和婆悉多两仙人间就已经存在不和。这也是僧侣和王士间产生纷争的源头。我们来看一下这个典型的例子。毗奢密多罗是王族出身，地位高于婆悉多，能参加祭祀仪式。对此，婆悉多就安慰自己说，毗奢密多罗是通过刻苦修行，才成为婆罗门的，所以应该让他参加仪式。以此维护僧侣的尊严。僧权扩张出现在恒河以西，相应的时代是中印时代。该时代不管是宗教，还是文学，甚至是各种制度都是凭借僧侣的力量才得到发展。这些现象就是僧权不断膨胀的原因。但随着僧权的膨胀，王士也经常利用自己的权力来压制对方。《广林奥义书》中记载，刹帝利是最至高无上的存在，所以婆罗门也要服从于刹帝利，为王族举行祭祀活动。当时的平民都和王士为伍。该现象的结果是有人因此加入了王士的队伍。通过“持斧罗摩”神话可以知道，当时王士和僧侣间的冲突已经发展到了流血的地步。该神话讲的是，僧侣和王士争斗开始后，毗纽天的化身出现了，他打败了王士，使僧权得到了进一步的扩张。当然，这些传说根本没有充分的史实作为依据。不过，如果能通过这些传说窥探到当时婆罗门和刹帝利间的冲突，也足够了。引发冲突的原因，就是僧侣企图成为至高无上的存在。

种姓制度确立的结果：如前所述，僧侣和王士间有过几次冲突。但承蒙太平盛世的余荫，再加上社会的进步，僧权得到了确立。最终，种姓制度得以形成。结果正如后世看到的那样，民众的自由并没有受到束缚。一般民众可以参与各种教派学派，参加祭祀活动。此外，僧侣、王士和平民间也可以通婚。各种姓间断绝一切交往，最终令人们无法忍受该制度的弊端，是出现在印度成为穆斯林国家后。在此之前，平民也可以拥有各种各样的职务。没有任何特权的只有第四种姓首陀罗。当然，自从有了种姓的区别，婆罗门和刹帝利都有了某种特权。但吠舍作为印度民族的一员，得到了大家的普遍认可。当时，各种姓间会彼此交流，同一人种还没有恶化到分崩离析的程度。到了近代，吠舍中也产生了很多阶级。不同的阶级都将对方当作异族，彼此间不仅不再交流，还禁止平民参加所有的教派学派活动。也就是说，近代的平民沦落到了和古代首陀罗一样悲惨的田地。当时僧侣、王士和平民分工明确，各自从事着自古流传下来的工作。他们可以平等地参加教派学派，拜同一个师傅为师，一起吃饭，彼此通婚。面对第四种姓的蛮族，大家都有自己是和他们不同的印度民族的自豪感。在古代文学中，不难找到种姓间存在交流的实例。譬如《爱达罗氏梵书》中记载，一个婢女生的孩子叫“卡瓦沙”。人们禁止他参加所有的仪式。但在他成为神的信徒后，就得到允许成为一名仙人。《歌者奥义书》中记载了一个名叫“萨塔亚卡纳·贾巴拉”的人。他的母亲是婢女，父亲的种姓不明，但他毫不隐瞒自己的出身。他直言不讳地说出了自己的出身，反而得到允许作为一名婆罗门接受教育，最后还领悟到了宇宙精神的真谛。此外，著名的比多贺毗耶仙人是王族出身，但获得了婆利古仙人的许可，成了一名僧侣。“持斧罗摩”故事中，婆罗门的母亲也是刹帝利出身。综上所述，当时虽然有了种姓的区别，但处理种姓间的关系时还是很宽容的。王士也可以成为僧侣。

第2节 其 他

王室：良吏行廉政，法律规定了民众的义务。城墙包围着都城，都城内有雄伟的建筑，中心部分是王宫。人民爱戴、膜拜并忠于自己的国王。农业越来越发达。农民需要向王室缴纳租税。已经有审判官、刑吏和衙役存在。

法律：《广林奥义书》中记载：“法具有王士之力，是至高无上的。所以，弱者也可以通过法，也就是借助王士之力来战胜强者。法被认为是真理。如果有人宣告真理，就是在宣告法。宣告法，也就是在宣告真理。两者是一样的。”该书中对于法的定义可圈可点。但说到审判方式，就变得非常野蛮。有罪与否取决于疑犯是否怕热。譬如，手握滚烫的铁块，如果没有被烫伤，就是无罪；如果被烫伤，就定为有罪。当时，杀人、盗窃、奸淫和醉酒都是十恶不赦的罪。

教学的中心：王宫通常都是教学的中心。天下圣贤聚集于此。深受世人

婆利古仙人

尊敬且德才兼备的僧侣主掌祭祀的仪式，并尽全力促进教学的发展。大部分梵书就是后世的各个派系在继承了这些僧侣的衣钵后编纂而成的。王室有时会召开大会，召集天下的圣贤，共同讨论关于祭祀仪式的内容，还会就灵魂的归宿、神的本性和宇宙的存在与否等大问题进行辩论。教学的地点除了王宫，通常还有僧侣自己开办的学堂。三四个才德兼备的僧侣一起教导入门的弟子。此外，还有自成一派的师父。他们和弟子一起起居饮食。弟子在他们门下拜师学艺十二年后便可回家。还有老了后就遁世隐居森林的学僧。这些学僧周围常有弟子相伴——一些大胆新奇的思想都是在这种地方出现的。古印度民族之所以成为史无前例的热心于教学的民族，是因为他们坚信积善因就会得善果，获得真知就会成为绝对的存在，最终得到解脱。

教学：当时的教学是对四吠陀的继承和发展。除了梵书和奥义书，还有关于世界起源的传说《如是所说往世书》和《祖先的祭法》。研究吠陀的成果是产生了语汇学、注释学、音韵学、颂学、语源学和音律学，还产生了天文学、与数有关的学科、与时间有关的学科、论理学和伦理学等。还有和占卜有关的学问、和鬼神有关的学问、以及和龙、魔有关的学问、和武器有关的学问。这些学问或许在当时还没有成为一门专门的学科，只是作为梵书中的一个主题被人讨论。但这些学问中的大部分在下个时代得到进一步发展，并成为一门单独的学科。通过这点来看，这些学问的传授很明显仅限于师徒间。这些学问只是因为输给了后世发展起来的新学科，才被历史遗忘。

天文：以上所有学科中，只有天文学保留有参考文献。其他学科因为没有资料保存至今，所以无从考证。天文学早在上个时代就已经萌芽。在上个时代，世人已经知道这些内容：将一年分为十二个月，每个月三十天；每五年多一个闰月；一年分为六个季节，每个季节都由一位神掌管；将月亮的各种形状神化，分为白月、新月和黑月；为月宫命名等。这个时代确定了十二宫的存在。在这个时代，天文已经是一门专门的学科。有专门从事天文研究的学者。他们数出了月宫的二十八带，并根据月亮的位置制定了祭祀的法则，还规定了一年中所有仪式的进行都要以太阳的轨迹为基准。所以大仪式都在四月和五月开始。一年由两组六个月组成，每个月三十天，每组六个月的中间设有中日。对于太阴历的知识到底是印度特有的，还是从其他国家传到印度来的这一问题，学者们看法不一。不过，太阴历的算法应该是印度特有的产物，和其他国家没有关系。而太阳历的知识肯定是在公元后由希腊人创造并传到印度的。关于该内容将在后续章节中讨论。

男子：只要是青年，不管是王士、僧侣，还是平民，都可以学习知识，他们之间并没有明显的区别。婆罗门和刹帝利都是民众的一部分。三者间关系密切，彼此可以通婚。完成学业后，他们就可以回家娶妻，并待在家中尽一家之主的本分。该本分的第一条就是选择吉日，制作圣火，早晚将牛奶倒入圣火中，祭拜圣火。他们还要尽力完成其他各种仪式，其中还有表达对旅人欢迎的仪式。

女子：女子可以拥有财产，参加祭祀仪式，出席集会，和公众交流。在教学领域、政治领域乃至行政管理中，女性活跃的身影均可见。男女交往方面虽然不像现在的欧美国家那样自由，但也绝没有到保守封闭的程度。现在印度在男女交往方面保守的风气是在成为穆斯林国家后才产生的。所以，现在没有穆斯林的马哈拉施特拉地区就没有上述风气。一言以蔽之，古代印度对女性的尊重程度，是其他国家望尘莫及的。《广林奥义书》中记载，耶若婆佉仙人在要去森居的时候，对自己贤良的妻子弥勒薏说，宇宙精神不仅存在于丈夫、妻子和孩子身上，还存在于财宝、僧侣、王士、诸天和万物乃至整个世界里。弥勒薏豁然开朗，领悟到了这个比世界奇珍异宝还要珍贵的真谛。由此可见，当时的女性地位很高。妻子是丈夫的益友，是丈夫的生活伴侣，是共同进行祭祀仪式的伙伴。当时的女子对自己的丈夫也是非常忠贞的，并且恪守妇道。不守贞洁的女子非常罕见。当时不存在早婚的恶习，也不禁止再婚。虽然有一夫多妻的风俗，但不存在一妻多夫的风俗。三四代内的亲属间是禁止结婚的。

财产：当时可以作为财产的东西有金、银、宝石、车、马、牛、驴、奴、婢、家宅和田园。有时候大象等也可以作为财产。

金属：当时不仅有金和银，还有锡、铅、铁及硼砂等。人们已经掌握了这些金属的使用方法。

食物：与吠陀时代一样，有谷物和肉类。

社会生活：种姓差异产生后的社会生活与吠陀时代最大的不同在于各种姓之间存在无法逾越的阶级鸿沟。

职业：当时社会保留了祖先的优良传统，分工变得更加细致。同一个平民阶级中还没有分化出更多的种姓阶层。

与吠陀时代相比，婆罗门时代在大部分领域都有了很大的进步。如上所述，与一人身兼武士和农民身份的时代相比，婆罗门时代整个社会的风气都变得更加文明开化。在家庭和社会方面，婆罗门时代对身处其中的人应尽的义务都有了更加详细的规定。这足以体现当时印度文明发展的高度。

第 3 篇　教派学派兴起

全印时代的到来

第 15 章 教派学派兴起时代概述

在政事和文学方面的贡献，教派学派兴起时代在整个印度文明史中是最突出的。在政事方面，一方面，摩揭陀早在婆罗门时代末期就已经广为人知，在教派学派兴起时代发展得更加繁荣昌盛，最终统治了整个北印，成为政事和文学的中心。佛教就是在摩揭陀产生的。月护王[1]也出自该国，后成为转轮王[2]。另一方面，安达罗王国崛起于南印，傲视群雄，也成了政事和文学的一个中心。有时，安达罗文明和摩揭陀文明间会发生碰撞。而更往南的区域因为和古代的达罗毗荼文明有了交流，又产生了新兴的三个国家，这些国家具有自己独特的风俗。到此为止，印度文明同化了整个印度。

在文学方面，经典文学的编纂成为该时代的风潮。仪式、音韵、文法、辞典和法律等都以经典的形式出版发行。其中最有名的是耶斯迦的辞典和帕尼尼的文典[3]。另外，哲学思想的发展产生了数论哲学。在当时众多的学派竞争中脱颖而出，对后世产生深远影响的只有数论学派。数论学派以包容全世界的热情赋予了冰冷的哲学以温暖。世界级宗教——佛教的创始人佛陀也出现

---

① 又译为旃陀罗笈多·孔雀，印度孔雀王国第一任君主（公元前 317—公元前 298 年在位）。——译者注

② 统一天下的君王。印度神话中，当统一天下的君王出现时，天上将会出现一个旋转金轮，作为他统治权力的证明。——译者注

③ 语法书。——原注

在该时代。教派学派兴起时代始于公元前 1000 年，到公元前 320 年左右，即月护王统一了整个北印的时间为止。为了方便命名，我们将该时代称为“全印时代”或者“教派学派兴起时代”。

第 16 章　雅利安人扩张概述

全印时代，雅利安人迅速向外扩张。公元前 4 世纪，即全印时代末期，雅利安人的文明已经覆盖整个印度。南印有安达罗国兴起，就连最南边也有三个部族出现。西印有绍拉斯彻国，中印有摩揭陀国，东印有鸯伽国、羯陵伽国兴起。这些国家因为全部使用雅利安人的语言，所以都享受到了印度教派学派的成果。通过当时的文学作品，可以粗略地绘制出雅利安人扩张的路线图。编纂经典的人中有一位叫“包德哈亚那”。包德哈亚那成名于公元前 6 世纪，即全印时代初期。根据他的记录，当时整个印度分为三部分。

第一部分西起萨拉斯瓦蒂河，东至卡拉卡瓦那，北起喜马拉雅雪山，南至温迪亚山脉。他将该区域称为“圣域”。

第二部分包括南部的旁遮普、信德、古吉拉特、摩腊婆、德干以及比哈尔的南部和东部。他将这些区域称为“多民族居住的区域”。

第三部分包括旁遮普的一部分、南印的一部分、北孟加拉、东孟加拉和羯陵伽等地。他认为前往这些地方的人，有必要通过祭祀来消除自己的罪障。

以上就是当时印度的疆域。其中，摩揭陀国是不同民族的聚居地，安达罗族和羯陵伽族都还处于野蛮未开化的状态。到了公元前 5 世纪，强国安达罗迅速崛起于哥达瓦里河和奎师那河间的区域。安达罗国出了大学者阿帕斯塔姆巴。他编纂了很多经典著作。可见当时雅利安人发展的迅速程度。

公元前 4 世纪，印度最南边出现了朱罗、哲罗和潘地亚三个国家，还发现了楞伽岛。值得庆幸的是，我们可以从麦加斯梯尼的记录中对该时代末期的情形有些了解。如果我们将当时经典著作中的一些小文章归纳总结，再与麦加斯梯尼的记录做个比较的话，就会发现两者有着云泥之差。后者就像黑夜中出现的一道微弱的亮光，让人觉得这道亮光的出现就是为了迎接光芒四射的曙光的来临。麦加斯梯尼作为塞琉古一世的使节出使中印的孔雀王国，在公元前 317 年到公元前 312 年间住在华氏城月护王的宫殿中。麦加斯梯尼是塞琉古王国人，来孔雀王国是为了促进两国人民的交流。麦加斯梯尼来印度的时间就在全印时代的末期。麦加斯梯尼的记录使毕达哥拉斯深受印度文化的影响。虽然此前希罗多德将各种传闻收集起来，写了报道印度的文章，但两个民族间的交流还是很少。直到亚历山大大帝带兵进入印度河流域，两

塞琉古一世
（前 358—前 281）

个文明古国间的交流才多了起来。这些交流产生了很多珍贵的文学艺术作品。其中，麦加斯梯尼的记录作为世界独一无二的作品，直接描述了当时印度的状况。根据该记录中的记载，摩揭陀[①]是当时印度最大的国家，首都是华氏城。木造的城墙从四周围着华氏城。城内有步兵六十万，骑兵三万，以及大象九千。摩揭陀支配着整个北印，势力向西直到印度河。朱木拿河横穿华氏城中心。此外，麦加斯梯尼的记录中还提及东印羯陵伽、南印安达罗、西印绍拉斯彻和最南边的潘地亚这几个国家的情况。记录中还记载，被流放到楞

希罗多德
（前 484—前 425）

① 当时摩揭陀国正值孔雀王国时期。——译者注

伽岛的摩揭陀王公毗阇耶征服了这座岛。可见这座岛当时已经处于雅利安人的统治下。此事件发生的时间是公元前 5 世纪。

所以，在全印时代，摩揭陀不仅完全印度化，还一跃成为大国。同时，安达罗国也大肆扩张自己的势力，国内还崛起了可以与中印对抗的教派学派。

第 17 章 摩揭陀王朝

后世完成的往世书文学对当时的王统系谱做了详细的记载。正如之前已经在日月王朝的章节里提到的那样，该文学作品中含有部分史实，但大部分内容还是以传说为主，因此不足以全信。但换个角度，只要能从这些内容中找到历史的些许足迹，该文学作品中记载的关于摩揭陀王朝的谱系还是值得为读者做一番介绍的。往世书文学完成的时间是在佛教时代结束后不久。因为教派学派兴起时代和佛教时代印度文明的中心都是摩揭陀，所以和该文学作品中的其他内容相比，关于摩揭陀王统的记录相对来说应该是可信的。

根据《毗湿奴往世书》记载，布柯提婆陀王朝统治了摩揭陀一千年，历经二十三位国王；波罗迪约多王朝统治摩揭陀一百三十八年，历经五位国王；悉输那伽王朝统治摩揭陀三百六十二年，历经十位国王；难陀王朝统治摩揭陀一百年，历经九位国王。一个婆罗门杀掉最后一位难陀王，结束了难陀王朝的统治。接着，月护王建立了孔雀王朝，开始统治摩揭陀。以上王朝世系稍后再详细说明。下面先根据《毗湿奴往世书》中的记载，对俱卢－般阇罗大战的年代做一番推算。

如果俱卢－般阇罗大战时期布柯提婆陀王朝是第二代国王偕天在位，那么根据《毗湿奴往世书》记载，从大战争开始到悉输那伽王朝的灭亡，一共经历了一千五百年。阿阇世王在位第八年，即佛灭之年，是公元前 477 年。假设其后的一百年，也就是公元前 370 年左右，该王朝灭亡，那么俱卢－般阇罗大战发生的年代应该是公元前 1870 年左右。关于布柯提婆陀王朝经历了二十三个帝王统治了摩揭陀一千年的记载，除了上述的《毗湿奴往世书》，《伐由往世书》《薄伽梵往世书》和《鱼往世书》等书中也有相同的记载。但一千年的时间似乎还是太长了。《毗湿奴往世书》在描述该内容的最后章节有这样一段文字，认为这一时间段应该只有五百年左右。书中写道，从继绝王[①]出生到难陀王继位，经历了一千零十五年的时间。继绝王是坚战王[②]之子，俱卢－般阇罗大战时期在位的国王。也就是说，从大战开始，到难陀王公元前370年左右继位，只经历了一千年的时间。这样倒过来算一下，大战争应该发生在公元前1400年左右，二十三位大王的在位时间合计并没有达到一千年，而是五百年左右。

此外，阿阇世王的即位时间是公元前485年左右。他的父亲频婆沙罗王的即位时间是公元前537年。假定频婆沙罗王即位前的朝代一共经历了约

继绝王与毗瑟奴

① 坚战王之子。——译者注

② 般度王之子。——译者注

一百年，悉输那伽王王朝应该是从公元前 637 年左右开始，这样倒过来推算，波罗迪约多王朝的统治应该开始于公元前 775 年左右，布柯提姿陀王朝的统治应该开始于公元前 1275 年左右。布柯提姿陀王朝历任国王的名字及该王朝对应的年代如下表所示：

布柯提姿陀王朝二十三世（约公元前 1275 年—公元前 775 年）共二十三位国王
妖连
偕天（俱卢 – 般阇罗大战时期在位的国王）
索马皮
斯鲁塔瓦
阿尤塔尤斯
尼拉米特拉
苏沙特拉
布里哈塔克曼
塞纳伊特
斯鲁坦贾亚
维普拉
苏奇
克舍姆亚
苏夫拉塔
达摩
苏苏拉马
德里达塞纳
苏马蒂
苏巴拉
森尼塔
萨蒂亚伊特
维瓦伊特
里蓬贾亚

里蓬贾亚国王有一位大臣，叫“普利卡”。普利卡杀了里蓬贾亚国王，助自己的儿子波罗迪约多成为新君。

波罗迪约多王朝五世（约公元前 775 年—公元前 637 年）共五位国王
波罗迪约多
帕拉卡
维沙哈尤帕
亚纳卡
南迪瓦尔达纳

悉输那伽王朝十世（约公元前 637 年—公元前 370 年）共十位国王
悉输那伽
黑阿育王
差摩达摩
刹多罗乌阇
频婆沙罗
阿阇世
都沙迦
优陀夷
难提跋达那
摩诃难丁

《毗湿奴往世书》中记载道，悉输那伽王朝的最后一位国王生了个儿子，取名“难陀”。难陀是首陀罗所生，因此，以后的国王都有了首陀罗血统。难陀长大后成了国王，被人们称为“大莲[①]”。他生性贪婪，杀光了所有刹帝利，

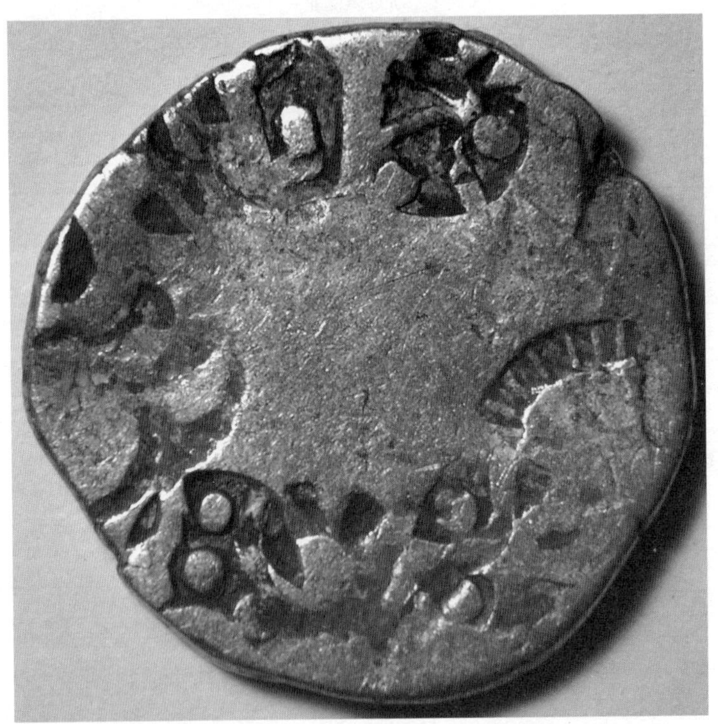

大莲时期的货币

① 即摩诃帕德摩·难陀。——译者注

统一了天下。他的八个儿子相继统治了摩揭陀长达一百年。一个叫“考底利耶”的婆罗门杀了最后一位难陀王[①]，帮助月护王登上王位。根据该记载，我们可以知道，地位卑贱的首陀罗出身的孩子成了国王，他的霸权支配了整个北印，但终被一个婆罗门杀掉了。根据戏剧《大臣罗刹沙和他的指环》的内容，我们可以知道，该婆罗门是指当时著名的考底利耶。作为难陀王的仆人，考底利耶曾发誓要向刹帝利复仇。因此，难陀王朝只统治了摩揭陀一百年。这里的一百是个大概的数字，不应该相信。一些人认为这段统治时间应该是五十年，该观点或许更接近史实。所以，难陀王朝支配摩揭陀的时间应该是从公元前370 年左右到公元前 320 年。

难陀王朝：难陀和他的八个儿子（约公元前 370 年—公元前 320 年）
孔雀王朝

如上所述，孔雀王，即月护王，建立了孔雀王朝。这位豪杰在难陀王统治的最后时期，企图取而代之。但他在斗争过程中失利，向西逃跑。后来，他投靠了当时驻扎在印度河支流萨特莱杰河畔的亚历山大大帝。亚历山大大帝西归回国后，月护王吸纳了旁遮普的部族作为他的党羽，揭竿而起，带领大军挺进中印，最后打败了难陀王朝，成了一代帝王。如前所述，当时首都中的一位婆罗门暗中支持月护王，杀了最后一位难陀王。月护王的即位时间是公元前 320 年左右。月护王生性豪迈。他恩威并施，不久就以摩揭陀为中心，统治了整个北印，成了印度有史以来第一位转轮王。月护王的脚步并没有就此停止。他借着新兴国家的势头进军旁遮普，赶走了希腊民族，最后和塞琉古一世讲和，纳其女儿为妃，并让塞琉古一世派他的大臣麦加斯梯尼出使中印。月护王的事迹在希腊人麦加斯梯尼的记录中也会有所体现。

其实，月护王也是贫贱出身。相继由贫贱出身的国王手握霸权，这在政事方面是一个值得注意的地方。参照婆罗门时代，因为难以忍受僧权膨胀带来的弊端，刹帝利才不得不崛起。现在，刹帝利的各种弊端日益扩大，终于迎来了不得不进行大变革的时期。该政事的革新其实和佛教的兴起有着密切

① 即达那 · 难陀。——译者注

的关系。月护王和他的儿子宾头娑罗·阿米特拉加答都对佛教表达了同情的意思。包括月护王的孙子阿育王在内，他们都信奉并拥护佛教，他们不仅给了佛教近似国教的待遇，还大力宣扬佛教。佛教中之所以没有出现种姓的分化，一直走平民化路线，或许就在于蒙受了王族的庇护。

第 18 章 当时的文学

第 1 节 经 典

随着印度疆土的不断扩张，雅利安人的精神也得到了蓬勃的发展。雅利安人理想远大，借助新生的势头，在各个教派学派方面百花齐放，将流传至今的各种教派学派的理论以经典的形式进行编纂。“经典”这个词来自“缝”，是线的意思，可以适用于各种类型的规则的集录。婆罗门经典的本质是以尽可能简洁的语言来记录规则或信条。语法方面的经典总是以某种方法简练地将整篇文章的内容概括出来，并删除不必要的部分；在需要充分说明某个问题时，总是倾向于用符号将复杂的文字简略化。哲学方面的经典在语言上也是非常简练的。在书籍数量少，又没有印刷术的时代，因为所有的内容都需要依靠人的记忆，所以就用尽可能简短的语句来表达同样的内容。经典的年代越古老，内容就越简练。简练到如果不依靠注释，人们就根本读不懂这些句子的意思。然而，随着书籍的数量逐渐增加，人们不再在精简语句上下功夫，这点可以从后世的经典中观察出来。后世的经典虽然依旧按照古代经典的风格收集编纂，但这些经典中的语句已经非常便于阅读和理解，有时甚至能发现作品中语句押韵的现象。至于佛教的经典，则和前者截然相反，文字部分讲究通俗易懂。后世的经典主要收集记录了有助于仪式、哲学、法律和文法等方面授课的教条。要准确推算这些经典完成的年代已经不可能了，但可以大致推算出最古老的经典完成的时间大约是公元前5世纪末至公元前6世纪初，最新的经典完成的时间是公元元年前后。和梵书有着密切关系的《闻经》[①]应该算是最古老的经典了。作为例子，下面就摘录《迦旃延闻经》中最开始的五句经文。

一、因此，现在权利。

二、执行了就会获得回报。

三、一切都没有任何区别。

四、尽管如此，人类，原因是，理解力。

五、排除残障人士、对吠陀一无所知的人、宫里的人，以及首陀罗。

像该例一样，经典使用的文字已经精简到几乎无法让人读懂的程度。经过注释家的诠释，变成了下面这些通俗易懂的句子。比原文多出的内容为注释家增补的部分。

一、因此，现在关于执行仪式的权利，参照下述几条规则。

二、执行了像祭拜圣火这样的仪式，就会获得进入天界、获得财富、生儿子等的回报。

三、所有人不论聋、盲、哑、跛都具有执行仪式的权利；除草木外，诸天、诸仙、各种动物也都具有执行仪式的权利。从这一点来看，一切生物都是平等的，没有任何区别，因为众生都希望获得回报。

四、尽管如此，正统的观点是，只有人类才能享有这一权利。。因为正如吠陀中记载的那样，只有人类才具有执行仪式的理解力。诸天、诸仙和动物都不具有这一能力。

五、应该排除残障人士、对吠陀一无所知的人、宫里的人和首陀罗。

经典文学并没有像梵书那样篇幅冗长。文字简洁是经典文学最突出的特点。至于为什么要将文字如此地精简化，主要原因是为了便于幼儿背诵。由此可见，当时的人心充满了务实精神。

经典的种类很多。各个派别都有属于自己的各种经典。考察当时的各个派别，得出的结论是：《梨俱吠陀》有五个派别；《娑摩吠陀》有十二个派别；

① 关于天启的经书。——译者注

《黑夜柔吠陀》有二十七个派别；《白夜柔吠陀》有十五个派别；《阿闼婆吠陀》有九个派别。这些派别都有属于自己的经典，并拥有信奉自己派别的学生。然而，令人遗憾的是，这些经典大都已失传，现存的仅有极少一部分。从顺序上来说，要想对经典做一番考察，首先应该罗列一下这个时代出现的教派学派。如下所示。

第 2 节　教派学派一览

第一类　吠陀六分

一、《劫波经》：式汇

《闻经》

《法经》

《家经》

二、《树提经》[①]：天文

三、《式叉经》：音乐

四、《阐陀经》[②]：韵汇

五、《尼禄多经》：语汇

六、《毗伽罗经》[③]：文法

第二类　六　论

一、数论学派，创始人：迦毗罗；

二、瑜伽派，创始人：帕坦伽利；

三、正理派，创始人：乔达摩；

四、胜论派，创始人：迦那陀；

五、弥曼差派，创始人：阇伊弥尼；

六、吠檀多派，创始人：跋陀罗衍那。

① 《闻经》《法经》《家经》及《树提经》四者都是关于吠陀仪式的内容。——原注

② 《式叉经》《阐陀经》都是关于吠陀读诵的内容。——原注

③ 《尼禄多经》《毗伽罗经》二者都是解释吠陀的内容。——原注

迦毗罗

帕坦伽利

第三类 两 教

一、耆那教。创始人：大雄；

二、佛教。创始人：释迦牟尼。

第一类教派是在继承了吠陀后发展而来的，各个派别都有属于各个学科的经典，保存至今的很少。第二类教派是在继承了奥义书后发展而来的，前四个派别属于旁系的异端派，后两个派别属于嫡系的正统派。六派的教义都以经典的方式保存至今。第三类教派也是在继承了奥义书，并在自由思想得到充分发展后产生的，两者都不认可吠陀的教权，他们的教义也以经典的形式保存至今。但这些经典都不是在这个时代完成的。

大雄

第3节 第一类：吠陀六分

第一分 式汇：如前所述，包含闻、法、家三本经书。

《闻经》对和吠陀祭祀有关的各种仪式做了简明扼要的说明。四吠陀的内容在《闻经》中都有体现。其中，保存至今的属于《梨俱吠陀》的内容有两处，属于《娑摩吠陀》的内容有三处，属于《黑夜柔吠陀》的内容有四处，属于《白夜柔吠陀》的内容有一处。这些关于仪式的内容和上个时代梵书里的记载大同小异，此处不再赘述。

《法经》记载了当时的风俗、习惯和法律。它不仅是非常重要的历史资料，后来还改变形式，成了《摩奴法典》的重要组成部分。这使《法经》的地位显得尤为重要。印度的法律是建立在让小孩从小就背诵、成人后能够履行各种义务的基础上的。现存的《法经》中，只有属于《梨俱吠陀》中的一处内容，属于《娑摩吠陀》中的一处内容，以及属于《黑夜柔吠陀》中的两处内容。其他部分均已失传。本书后续章节将对该书中包含的风俗习惯、法律等进行研究。

一个人作为儿子，作为丈夫，作为父亲，对家人应尽的各种义务是数不胜数的。《家经》中对这些应尽的义务进行了详细的说明，其中还列举了与婚姻、产子、哺乳、入学等有关的各种仪式，以及每一个家庭都应该举行的各种宗教仪式。通过研究《家经》就能够对当时的生活状况有一个非常清楚的了解。本书在后续章节中还会对《家经》做一番详细的说明。《家经》中保存至今的有属于《梨俱吠陀》的两处内容，属于《娑摩吠陀》的一处内容，属于《黑夜柔吠陀》的三处内容和属于《白夜柔吠陀》的一处内容。

上述三个合称《劫波经》。显然，所有的教派都拥有属于自己的《劫波经》，但保存至今的只是一些残片。只有属于阿帕斯檀跋派的《劫波经》完好无损地保存至今。该书由三十章构成，前二十四章是《闻经》，第二十五章是对《闻经》的解释，接下来的两章是《家经》，再往后的两章是《法经》，最后一章是《绳法经》。《绳法经》的内容是对和祭坛建造有关的几何学法则的说明。有关几何学的内容在后续章节中还会提及。

第二分 音汇：主要是对包括吠陀的文字、音调、发声器官运用等内容在内的发音的研究。吠陀通过背诵代代相传。就算读错一个词，人们也认为这是亵渎神明。所以发展出了这一部分的内容。该部分的内容本来是在森林中诵读的经文，也就是森林书中的内容，后来发展成为一门独立完整的学科，继而取代了森林书的位置。除了《娑摩吠陀》，梨俱吠陀》《白夜柔吠陀》《黑夜柔吠陀》和《阿闼婆吠陀》都各有一处关于音汇的内容保存至今。

第三分 韵汇：吠陀、森林书、奥义书中有很多关于韵汇的内容。到了全印时代，这些内容发展成了一门独立完整的学科。《梨俱吠陀》中，音汇的内容后是关于韵律的内容。《娑摩吠陀》则在专门的《缘经》中对韵律进行了研究。

第四分 语汇：是对吠陀中难字进行说明。公元前 400 年左右，语言学大家耶斯迦出现了。他的出现使之前出现的所有语言学家都失去了光彩。因为这些语言学家远不及耶斯迦有名，所以他们的名字都消失在了历史的长河中。耶斯迦的《尼禄多》对古代流传下来的词汇做了新的注释。

第五分 文法：这里是指对吠陀文法进行研究。虽然当时有很多关于这方面的书，但在大学者帕尼尼出现后，所有的书都消失了，只留下了他的宏伟巨作。帕尼尼仙人生活在印度西北部。关于他生活的年代，学者们说法不一。奥托・冯・伯特林克认为他生活在公元前 350 年左右，阿尔布雷希特・弗里德里希・韦伯则认为他生活的年代应该要晚于这一时间。虽然还没有一个统一的说法，但粗略判断他应该生活在公元前 4 世纪到公元前 3 世纪。麦克斯・穆勒认为整个世界只有印度和希腊两个国家对文法进行了研究，然而，和帕尼尼的巨作相比，希腊关于文法的书籍就不值一提了。可见，这位仙人创作的语法书在这个世界上是独一无二的，具有非常高的完整性。近代语言学有一个重大发现，那就是所有的语言都有一个共同的起源。该重大发现要归功于弗朗兹・博普和格林兄弟等人。然而，两千年前的印度早就有了关于该重大发现的记载。帕尼尼曾将当时的汉语还原为简单的词根。想必这也不是他一个人的发现，他只是对之前的研究进行了归纳总结。文法学在印度的发展如此迅速，不得不叫人惊叹。

第六分 天文：天文学科是在对应该在什么时节进行祭祀活动，以及如何确定圣日的时间的研究中发展起来的。现存有关天文的资料都是在后世完成的，但对天文现象的观察在这个时代已经得到充分的发展。

以上的六分都是从吠陀中发展演化出来的，这些经典都是在这个时代完成的。和吠陀有关的内容除了上述的六分外，其实还有另外一个，那就是索引。吠陀的五集录中都有索引。《梨俱吠陀》的索引出自迦旃延之手，抽取了每一首赞歌的第一个词，列举了颂歌的数量，记录了仙人的名字，韵名[①]和歌颂的神的名字等。虽然之前也有很多索引，但这一具有完整体系的索引出现后，其他自然消失了。

---

① 赞歌中使用的韵律的名字。——译者注

第 4 节 第二类：六派哲学

六派哲学是在继承了奥义书的精神后才发展起来的。奥义书是建立在想象基础上的、脱离实际的理论。数论学派出现后，从严谨的论理思想的角度，对物质和精神的关系、世界的起源、未来的命运等大问题的深入研究才首次完成。而后其他各个教派也受到了数论学派的影响，开始尝试对这些奥秘进行大胆的探索。为了与数论学派抗衡，吠檀多派出现了。吠檀多派创造了为世人广为赞美的“梵我一如”的泛神论哲学。至此，印度哲学的体系完整建立起来了。后来，印度在哲学、宗教和文典方面的发展达到了世界领先水平。

当时的哲学思想绝不仅限于上文提到的六派。《梵网经》中可以数出六十二个教派，《阿含经》《增一阿含经》中则有九十六种教派。这些教派在当时被认为是邪教，因此这些教派的学说能够保存至今的极少。文献得以保存至今的只有上述六派，其中又以数论学派的哲学思想最光彩夺目。上述六派的教义均以经典的形式保存至今，文字非常简洁，没有注释的话根本无法理解。这样做大概是为了便于将这些知识传授给学生，以及便于背诵记忆。最先对这些经典做出注释的人，应该就是创造这些哲学思想的人。在众多的注释者中，最有名的是生活在 7 世纪到 8 世纪的著书无数的商羯罗大师。上述六派兴起于哪个年代，以及谁先谁后已经无从考证。现在可以肯定的是，在公元前 6 世纪左右，整个世界的思想界出现了大动乱。希腊的毕达哥拉斯、波斯的琐罗亚斯德、中国的孔子、印度的迦毗罗和佛陀等都是在这一时期相继出名的。当时支配着世界文明人种思想的问题主要有以下几点。

一、我是谁？从哪里来？又将去向何处？

二、物质和精神间的关系。如果有存在于物质和精神世界外的灵魂的存在，那它又是什么？

三、世界是什么？造物主是否存在？是什么推动了自然的发展？

四、如果存在造物主，又是什么造成了世界的不平等？造物主到底是有形的存在，还是无形的存在？

五、万恶的根源是什么？究竟何谓极乐净土？

关于六派哲学的纲要，本书将在后续章节中加以说明。

第 5 节　第三类：佛教和耆那教

奥义书的思想曾一度震撼人心，使人们开始有了无明的观念和业说等唯心主义的倾向。人们还开始分析和研究世界的各种现象，出现了百花齐放、百家争鸣的盛况。人们最初偏向于信奉吠陀教权。后来，否认吠陀教权的看法越来越多。最后，人们彻底对其失去信心，导致吠陀教权衰败。吠陀教权的衰败让稳健清新的佛教得以兴起。和六派哲学相比，佛教的影响更深远。佛教产生于公元前 6 世纪，倡导平民主义，吸收了大批下层社会的可怜民众，并对无意义的苦行、仪式和不合理的种姓制度进行了猛烈的抨击。净行和大慈大悲的思想是佛教的精髓。

和佛教在同时期兴起的教派还有耆那教。耆那教的经典大都完成于后世。因此，要了解耆那教当时的情况已经是不可能的了。不过据说其形式和教义酷似佛教。值得注意的是，这两个教派的创始人都是刹帝利出身。

除了上述两个教派，还有一个名为“顺世外道”的邪教。对其起源，学者们还没有一个统一的说法。该教派出现的时间到底是早于佛教，还是晚于佛教，已经难以考证。不过，该教派活跃的时间很明显就在这个时代。

关于这三个教派的具体情况，还会在后续章节中详细说明，这里只对它们进行简要概述。

耆那教的标志

第 6 节　从正统思想来看各种教派

当时，印度的正统思想对上述的六派和其他教派的位置是如何界定的呢？回答这个问题，有一个非常合适的材料做参考。有一个印度僧人，叫“摩达婆”。摩达婆在其著作《诸见集》中对各宗各派的情况进行了详细记载，同时描述了吠檀多派对这些教派的评论，还从这些教派思想与正统思想间的远近关系出发，对这些教派进行了排序。下面仅罗列几个主要教派的顺序。

一、顺世外道

二、佛教

三、耆那教

四、胜论派

五、正理派

六、弥曼差派

佛教创始人释迦牟尼

七、数论学派

八、瑜伽派

也就是说，顺世外道的思想和吠陀思想的差异最大，其次是佛教。和正统思想最接近的是瑜伽派，其次是数论学派。最不可思议的是弥曼差派。弥曼差派和吠檀多派一样，都对正统思想的形成起到了非常大的影响，最后却与正统思想背道而驰。关于这个内容还会在后续的相关章节中详细讨论。

综上所述，全印时代是印度教派学派的黄金时期。在该时代，人们整顿了仪式，完成了法典，完善了音韵文法，更加细致地研究了几何数理，进一步发展了论理哲学，并孕育发展了伟大的佛教。这些卓越的功绩就像烂漫的百花一样，让人目眩。其中，迦毗罗创建的数论学派和释迦牟尼创建的佛教当属全印时代的典型代表。

第 19 章 吠陀、梵书和经典的比较

吠陀的独特之处在于它完全是用韵文写成的。梵书以冗长繁杂的散文形式编纂而成。经典则以简洁的颂的形式编写而成。这三者相继出现，又都有各自独特的文体。这种变迁到底是因何而来的呢？

大概是因为雅利安人的文明逐步开化，所以他们的仪式变得更加华丽，人们也已经不像旁遮普时代那样，那么擅长吟诗作赋。对于生活在这个时代恒河流域的开明的雅利安人来说，天空、曙光、太阳等天空中发生的自然现象，早已无法引起他们的惊异和赞叹。人们更不会对这些自然现象表达自己满腔的敬意和虔诚之心、执行严格的教义、进行华丽的祭祀活动了。就这样，简单纯朴地咏诵赞歌的时代一去不复返，就连赞颂的意义和目的也被人忘却。仪式本身成了最重要的事，虔诚的宗教徒们一心专注于制订祭祀的规则、寻求举行繁杂仪式的意义和目的、对这些仪式的形式进行整顿等。这些内容成为婆罗门和刹帝利研究的主要问题，因此才出现了浩瀚的梵书文学。

正如到了笛卡尔和培根的时代，欧洲中世纪繁琐且独断的宗教哲学就销声匿迹了一样，在教派学派兴起时代，被称为“印度笛卡尔”的迦毗罗仙人创立了数论学派。影响力大于路德的佛陀也开始传播众生平等之道。随着雅利安人向南印开拓自己的领土，奥义哲学发出了璀璨的光芒。反对僧权的运动愈演愈烈。新的学派相互竞争，刺激了雅利安人文学的精神，使印度迎来了翻天覆地的变化。对梵书的深入研究导致梵书自然消亡。祭祀的规则迎来了根据实际需要进行简化的时机。数种梵书大量缩减篇幅，向经典化发展。

整个时代变得更加务实。不仅包含哲学在内的各个学科的文献都以颂的形式编纂，连教学中使用的资料也都采用颂的形式编纂。采用该形式进行编纂的资料最后都成了经典文学。所以，经典完全是时势造就的一种文学形式。

印度古代文学的三个时期分别以吠陀、梵书和经典这三种文学为代表。吠陀中的赞歌体现了五河时代纯朴的宗教信仰；梵书体现了恒河时代的人们华丽的仪式；经典则是哲学时代的理论和怀疑思想的体现。吠陀的赞歌并没有传播到萨拉斯瓦蒂河以东，吠陀时代发生的所有事件都局限在旁遮普。梵书文学发源于恒河流域。在梵书时代，世人早已遗忘旁遮普，但还不知道南印地区。经典文学主要起源于南印，现存的经典中也以南印的作品为主。从吠陀到梵书，再到奥义书，都属于来自神的天启。经典则相反，该类文学作为人的作品被收录在了各传说中。

第 20 章　《法经》概述

第 1 节　种　姓

在整顿种姓制度，并将种姓制度写入法典时，经典的编写者感到了困惑。他们坚信种姓本来只有四种。除了现有的四种种姓，非雅利安人中也出现了很多不同的种姓。该如何解决这个问题呢？如果前提是有且只有四种种姓，那就必须从种姓的角度来解释这些不属于任何种姓的人的存在。要解释清楚这个问题，不得不依靠丰富的想象力。比较在经典中最权威的婆悉多、磐达

婆悉多与毗奢密多罗

耶那和乔达摩三者对种姓的说明，会发现三者竟然没有一致的地方。由此可见，这三个人对种姓的解释似乎都是建立在各自随意独断的想象基础上的。要将这三人对种姓看法的资料都列举出来实在是一件很繁琐的事情。下面就通过列举《乔达摩经》中的一个例子加以说明，其他例子都与该例类似。

父亲的种姓	母亲的种姓	孩子的种姓
刹帝利	婆罗门	苏塔
吠舍	婆罗门	摩揭陀
首陀罗	婆罗门	旃陀罗
婆罗门	刹帝利	穆尔达瓦希克塔
吠舍	刹帝利	迪瓦拉
首陀罗	刹帝利	补羯娑
婆罗门	吠舍	布里加坎塔
刹帝利	吠舍	马赫什亚
首陀罗	吠舍	毗提诃
婆罗门	首陀罗	帕拉萨瓦
刹帝利	首陀罗	耶婆那
吠舍	首陀罗	卡拉纳

其中，值得注意的是与旃陀罗、补羯娑、摩揭陀、毗提诃和耶婆那有关的说明。

父亲是首陀罗，母亲是婆罗门，他们生的孩子属于旃陀罗。这点在三种资料中是一致的。至于其他种姓，三种资料中的记载则都不一致。

补羯娑在《婆悉多经》中被认为是吠舍姓父亲和刹帝利姓母亲所生。

摩揭陀在《磐达耶那经》中被认为是首陀罗姓父亲和吠舍姓母亲所生，在《乔达摩经》中则被认为是吠舍姓父亲和婆罗门姓母亲所生。

毗提诃在《乔达摩经》中被认为是首陀罗姓父亲和吠舍姓母亲所生。

耶婆那在《乔达摩经》中被认为是刹帝利姓父亲和首陀罗姓母亲所生。

婆悉多、磐达耶那和乔达摩对种姓的不同观点如上所述。同理，其他几种种姓的定义也都基于上述三人的恣意想象。反过来说，毗提诃和摩揭陀都是恒河流域的强族。前者建立了婆罗门时代的印度中心，后者建立了教派学派兴起时代的印度中心。人们称毗提诃和摩揭陀为“霸主”。通过对这两个种姓的说明可以看出，这两个王朝的主君都并非纯种的雅利安人。此外，通过资料中对于旃陀罗和补羯娑的令人不可思议的说明可以看出，

印度种姓制度下的一个阶层

这两个种姓也不是纯种的雅利安人。最可笑的是，就连耶婆那，也就是希腊人，也被包含在了种姓制度的范围中。从头到尾都依靠想象来说明种姓制度，通过这点可以看出当年僧侣们必定是煞费苦心地想要解决这个问题。后世的《摩奴法典》也清楚记载了类似的说明，也就没什么好奇怪的了。在一般民众的知识水平逐渐下降的印度，像这样牵强附会的依靠想象得出的结论，竟然没有一个人提出质疑，而且还被世人当作真理，简直让人匪夷所思。像这样站不住脚的说明，应该一早就遭到世人的怀疑，像佛教那样，立刻提出否认种姓制度的学说才对。

如上所述，当时所谓的种姓，只是通过父母的角度来对他们的孩子进行分类，还没有发展到以职业为分类标准的程度。从这点可以看出，吠舍姓的一般民众可以从事不同的职业。像后世那样，不同的职业必须由不同的种姓从事，连自由地参加教派学派的权利都被剥夺的不健全的制度在当时还没有建立起来。令人欣慰的是，麦加斯梯尼的记录对当时的种姓制度进行了详细的说明。他将种姓分为七种：学者、大臣、士兵、看守、农民、牧人、工匠。其中，学者又可以分为婆罗门和沙门。麦加斯梯尼所说的学者和大臣其实就是僧侣。僧侣从事教学工作，或森居修行，或从政。婆罗门和沙门的区别在于他们的装扮。这里的沙门并非专指佛教徒。在佛陀出现前后，已经有很多人出家修行成为沙门，这是不争的事实。佛陀这一派也属于沙门，通常被称为“释子沙门”。士兵和看守是指刹帝利。刹帝利在国内的身份是士兵，也有被派到国外从事间谍活动的。农夫是指吠舍。从麦加斯梯尼的记录中可以看出，牧人和工匠是指首陀罗。牧人和工匠不用纳税，他们的衣食也不依靠国家。工匠仍然是雅利安人的一员；牧人则到处游牧，四海为家。也就是说，原住民中也分为被文明教化的熟番和尚未开化的生番。

第2节 行 政

《法经》和希腊人的记录对当时的行政组织进行了客观可信的记载。国王建立了都城。位于中央的王宫面向南方。王宫前设有接待宾客的会馆。会馆里还特别招揽了一批贤人雅士。此外，国王还准备建游乐场。所有人不分种姓都可以平等地进去游玩。国王以万民的平安为己任，然后向万民征收租税。当时的税法规定，不同事物的纳税额也不同。大米、牲畜、金属、买卖、树林、舟车、工艺品等均需要纳税。

城里有三十人组成的六部官吏，每个部门五个人。第一部门负责监督工艺生产；第二部门负责接待外国人，并视察外国人的生活状况，处理疾病和死亡的相关事务；第三部门负责调查国内的出生率和死亡率；第四部门负责向每一笔买卖征税，税额是每一笔买卖成交额的十分之一；第五部门负责工艺品的管理；第六部门负责监督贸易商业活动。军队方面也有三十人组成的六部官吏，每部门五人，负责处理与海军、辎重、步兵、军马、战车、大象等相关的事务。

此外，还有负责监督农业、灌溉、森林、地方行政的部门，以及负责治理河川、丈量土地、管理供水、管理狩猎、监督民办企业、收税、修路和设置表示距离的路标的官吏。

在军事方面，步兵有的使用弓箭，有的使用矛和盾；骑兵有一支矛和一个盾。战斗的原则非常符合人道主义：不杀弃械的、投降的、逃跑的；不和胆小的、醉酒的、神志不清的、丢了武器的、老弱妇孺及僧侣战斗。国家还会扶助战死者的妻子儿女。士兵不会践踏战场中的田地——使农民可以安全地从事农业活动，也不会烧毁敌方阵地中的田园，砍倒敌方阵地中的树木。

国王由曾服侍过先皇和先皇后的忠勤的侍女侍奉，门外有士兵守护。除了狩猎和祭祀，其余的日子国王每天都要上朝。狩猎时，国王骑在象背上，周围一圈围着全副武装的侍女，再往外一圈则有士兵守护。婆罗门时代英勇杀敌的国王早已不复存在。教派学派兴起时代逐渐盛行华丽淫靡的风气。根据麦加斯梯尼的记录，当时的印度分为一百一十八个部族。国民们过着简单质朴的生活，都爱好和平。除了祭祀，人们绝不饮酒。法律规定的公民义务非常少。贷款储蓄业务不使用印章。交易完全建立在合作双方彼此信任的基础上。夜不闭户，财物也不用锁起来。人们热爱真理和道义，对没有智慧的老人，不会特别地去尊崇。不会将外国人当成奴隶使唤，更不用说自己国家的人了。有纸笔，但极少使用。教学都是靠背诵，所以就连法官也是靠将《法经》背诵下来，完全依靠记忆来进行裁决的。

第 3 节 法 律

刑法：自古以来，法律对待胜利的部族和失败的部族是不平等的。印度也不例外。在印度，法律对待这两个部族的差别非常大。一言以蔽之，对婆罗门和首陀罗的审判分别使用两套不同的法律。

举例来说，譬如谋杀。对于杀了自己同胞的婆罗门，法律规定只在杀人者额头上刻上烙印，并将他流放。与此相对应的是，首陀罗姓的人如果杀了婆罗门姓的人，就要被处以死刑，并没收所有财产。

虽然通奸被认为是非常恶劣的行为，但如果犯此罪的是前三种种姓，受害人是首陀罗的话，那么犯罪的人只会被判流放。如果反过来的话，那么犯罪的首陀罗姓的人就会被施以重罚。

盗窃也是重罪。盗窃者要解开发髻[①]，并手拿棍棒向国王供认罪行，要杀要剐全由国王处置。如果情节不是非常恶劣，按规定僧侣和王族也可以申请庭外和解。

诽谤也属于重罪。对于前三种种姓，如果犯了殴打罪，只需要根据罪行的轻重缴纳罚金。但如果是婆罗门姓的人打了首陀罗姓的人，就不会受到任何制裁。也就是说，首陀罗不受当时法律的保护。

由于农业和商业与平民的生活息息相关，所以与农业和商业相关的犯罪行为也被认为是非常恶劣的罪行。作伪证更是罪加一等。如果做了和牲畜有关的伪证，那就相当于杀了十个人的重罪。由此可见作伪证的严重性。

自杀也是重罪之一。亲属不可以为自杀者举行葬礼。

当时法律规定，正当防卫是合法的。杀了十恶不赦的坏人不会受到任何法律制裁。

关于刑法，值得注意的是，制定刑法的专家为了将前三种种姓和首陀罗区分开来，在用词上非常极端，口吻几近胁迫。譬如，首陀罗姓的人如果诽谤了婆罗门姓的人，就要遭到毒哑的惩罚；如果殴打了婆罗门姓的人，就要被砍手；如果听到了诵经的声音，就要被致聋；如果诵读了经文，就要遭到拔舌；如果背诵了经文，就要受到腰斩。在当时，这种酷刑从未执行过，只是为了通过这样的方式来达到彻底和失败的部族划清界限的目的，并以此维护圣典的威严罢了。

民法：方便起见，下面将从农牧法、财产法、借贷法、继承法和遗产分配法五方面来对民法进行说明。

① 古印度的男子蓄发。——译者注

农牧法规定了猎户和樵夫可以进入公众场所，还规定了哪些道路是可以行驶车辆的。其中值得注意的是，原本属于自己的东西可以通过文书的形式，从别人那里要回来。

财产法将财产分为八种类型：遗产、买卖所得、典当所得、从丈夫那里得到的财产、捐赠、通过祭祀获得的东西、合资、工资。其中有这样一条规定，属于自己的财产，不管是什么，只要委托给别人保管的时间超过十年，就会自动失去对该财产的所有权。

借贷法通过法律的形式，规定了利率。其中有这样一条规定，如果本金加利息的总额达到本金的两倍，那么就不再计算利息。如果没有东西作为抵押，那么就要收取高额的利息。利息又分为六种类型。

继承法是民法中最重要的部分。法律规定，生儿子是在宗教上必须履行的义务。如果没有合法的子嗣，根据继承法的规定，人们可以认定其他人为合法继承人。就算是儿子，也分好几种类型。经典不同，规定也不同。有的经典将儿子分为十二种类型，有的经典将儿子分为十四种类型。对于哪些类型的儿子可以作为嗣子，哪些类型的儿子只能作为家族的一员，各种经典中的见解都稍有不同。所有的经典中都承认的可以作为嗣子的儿子的类型有三种：正妻生的儿子、再婚妻子生的儿子、找到亲生父亲的私生子。所有的经典中都不承认可以作为嗣子的儿子的类型有：女性隐瞒已有身孕的事实嫁给其他人后生下的儿子、遭到父母抛弃的男孩主动成为其他人家的养子、买来的儿子。这三种类型的儿子都只能作为家族的一员。此外，对于养子、没有获得亲生父母同意的养子、弃子、结婚之前就有的儿子、抛弃丈夫再婚的妇女腹中的儿子、订婚后生出来的儿子等这些类型的儿子，关于他们是否有资格作为嗣子，没有统一的说法，所以这里不再做深入的讨论。然而，到了这个时代的末期，人们开始反对作为古代经典的继承法。对这个时代罪孽深重的人来说，古代曾经允许的一些行为是不被允许的。人们反对养子制度和买卖儿子的行为。

关于遗产分配法，古代经典中没有一个统一的说法。古代并没有嫡子继承的法律。在盛行家人共同生活的年代，父亲的遗产通常由长子来继承。父亲去世后，长子要代替父亲抚养家人及弟弟妹妹，但也不是每家每户都遵从这样的习俗。制定法律的专家在遗产分配上都在寻求更合理的方法。关于遗产分配的方法，各家观点不一，在此不再赘述。到了教派学派兴起时代末期，遗产分配出现了差别对待，甚至有了对不守规则的子女不予以分配遗产的说法。譬如，虽然是长子，但他如果极其浪费，就会失去继承遗产的资格。此外，母亲的遗产只能由女儿分配。

第 21 章 《家经》概述

第 1 节 印度人一生的四个时期

当时，雅利安人将一生分为四个时期。

一、梵行期——学生时代

二、家居期——家长时代

三、林栖期——求道时代：净行

四、遁世期——云游时代：节欲

梵行期： 婆罗门子弟从八岁到十六岁，刹帝利子弟从十一岁到二十二岁，吠舍子弟从十二岁到二十四岁，都要戴着象征再生的圣线，进入学生生活阶段。对少年来说，入门是一件非常重要的事。入门后，学生就要住到师父家里，然后根据自己的意愿，选择学习的时间长短——有十二年、二十四年、三十六年和四十八年。学习的主要任务是背诵四吠陀。在此期间，学生要禁食烟熏食物，远离奢侈，盘发髻，身穿麻衣，抛开一切情欲，顺从谦卑。学生每天早上都要到附近的村子里去化缘，然后将化缘所得献给师父。等师父用完餐后，学生才能吃饭。他们还要劈柴，挑水，早上要打扫卫生，制作圣火，傍晚要给师父洗脚、铺床，等师父就寝后才能睡觉。学生全心全意地期望自己能够通过这种方式领悟到祖祖辈辈流传下来的先人们的智慧。这就是古代印度学生的生活情况。教育的方法是从背诵《梨俱吠陀》开始的。学生就这样在一位师父或者数位师父的门下学习。结束学生生活后，学生要给师父巨额的谢礼，然后就可以回家了。

家居期：结束梵行期回家后，学生就要结婚，进入家居生活阶段。在进入家门前，学生要先沐浴。沐浴结束后，学生被称为“家居生”。家居生是指完成了学生生活的人。结婚前还只是学生，结婚后就立刻进入了迥然不同的生活阶段。家居期在雅利安人生活的四个时期中是最值得关注的。在这个时期，人们要进行的重要仪式数不胜数。通过对家居期的研究，我们能对当时社会生活状况有一个大致的了解。因此，该部分内容将在后续章节中详细讨论。下面先概述一下接下来的两个时期。

林栖期：在林栖期，人们要住到森林中去，以草根树皮为食，过清苦的生活。他们制作圣火，早晚都要修行祭拜，进入忘我的修行境界。

遁世期：遁世期被称为“比丘的生活”，也就是剃发出家，抛开一切身外之物，苦行，断食，一衣一钵，四海为家，风餐露宿，在一个村子里不能待超过一天的时间。虽然不进行各种仪式，但他们无时无刻不在诵读吠陀，通过冥想领悟宇宙精神，超越苦乐生死，超脱世俗，与大我融为一体，最后获得期待已久的解脱。

随着时间的流逝，经历了这四个时期的人被认为是完成了完整一生的模范。只有经历了这四个时期，才可以获得解脱。其实最开始的时候并非如此。古经中有这样的记载，如果本人要求，也可以在完成梵行期的学习后，直接进入遁世期。所以，最初上述四个时期是四种完全独立的生活，人们任意选择其中的某一种即可。后世的婆罗门也并非所有人都经历了这理想的四个时期。自古以来，作为一般人的婆罗门，不乏有人完成了这四个时期的生活。总之，研究当年的文学作品，就会发现很多实例。这些实例无一不证明了完成这四个时期生活的人还是非常多的。毋庸置疑，很多人都踏踏实实地完成了对自己的磨炼。一言以蔽之，从古代开始就制定了一套训练自己、教育自己的固定不变法则的国家，除了印度，别无他国。他们苦修的努力并没有白费。婆罗门对印度文明的贡献数不胜数。他们是僧侣，也是思想家、法学家，又是行政官、政客，还是科学家，乃至大诗人。

第 2 节 家居期的生活

家居期在四个时期中是最重要的一个时期。印度国民中的大部分都是由处于家居期的人组成的。研究家居期的生活，我们可以对当时的社会生活有一个全面的了解。下面就对家居期进行详细说明。

家居期时，人们要进行四十种以上的仪式。这些仪式大致可以分为三种类型：跟教法有关的、跟家族有关的、跟一家之主有关的。跟教法有关的仪式有十四种，跟家族有关的有十九种，跟一家之主有关的有七种，总计四十种。人们相信，执行这些仪式就是行善积德，其结果就是能够在死后早登西方极乐世界。

《夜柔吠陀》和梵书对跟教法有关的仪式进行了详尽的说明，《闻经》中也对这些仪式做了概述。这些内容已经在之前关于上个时代的章节中作了阐述，这里不再赘述。下面我们还是通过对其余两种类型的仪式的描述，来见识一下当时的风俗习惯。

跟家族有关的仪式共有十九种，下面就对其中的七种进行说明。

第一种，结婚——新郎要先派使者到想要娶为妻子的女子的父亲那里。这个时候，使者要唱起《梨俱吠陀》中的赞歌。歌词如下：

> 希望我的朋友迎娶新娘的道路是平坦的，没有任何荆棘。阿厘耶门天啊，跋伽天啊，请给我们引路。啊！诸天啊，请你无论如何都让新郎和新娘合为一体吧！

如果双方情投意合，那么婚约就此成立。双方的家人就会一边手持装着鲜花、米、麦子和黄金的瓶子，一边朗诵经文。与此同时，新郎开始进行祭拜仪式。到了结婚那天，新娘的家人会集合起来一起进行祭拜仪式。在此期间，新娘会用佛前供的水沐浴，换上新衣，坐在火堆旁边。这时，新郎也会沐浴。结束后，就会由不是寡妇的少妇陪同，参加华丽的结婚仪式。新郎拉着新娘的手，口念经文，绕火堆三圈，然后站在石头上面。新娘将得到的米投入火中，由新郎陪伴往前走七步。站在石头上，是取其情比石坚之意，意味着新郎和新娘能够获得永恒不变的爱情。结婚当晚，新娘要住到成家并生有儿子的婆罗门妇女的家中，根据当晚所做之梦来判断自己能否生出儿子。

结婚的形式一共有八种类型。上面描述的是属于第一种类型的结婚仪式，此外还有：

梵婚——新娘的父亲在新娘身上洒上清水，将自己的女儿送给学生。这里的学生是对所有未婚人士的统称。

神婚——新娘的父亲将新娘打扮得十分隆重，在祭祀仪式完成后，将自己的女儿布施给僧侣。

第古婚——新娘的父亲得到牛后，就将女儿送给别人。

自由婚——自由恋爱，不举行任何仪式的结婚形式。

武婚——利用武力，杀死同族近亲，取其女儿为妻。

魔婚——娶买来的女子为妻。

这些结婚形式中，只有梵婚、神婚和古婚是正当的。此外，还有下面两种：

帝婚——新娘的父亲口念“一起成为如法吧”，然后将女儿送给别人。

鬼婚——让女子失去神志，并将其掳走。

虽然帝婚不算犯法，但鬼婚肯定是犯罪了。

当时是严禁亲属之间结婚的。早婚的弊端还没有显现出来，再婚也没有受到禁止。

第二种，妊娠——妊娠中要举行的仪式也很多。妻子要首先祈祷自己确实有了身孕，然后祈祷腹中的孩子是男孩，还要祈祷自己在妊娠过程中不会遇到任何危险等。妊娠数月后，还要举行一个仪式，那就是丈夫要充满爱意地将妻子的头发梳成分头。

第三种，分娩——该时期要举行的仪式有祈祷顺利分娩的仪式、祈祷孩子聪明伶俐的仪式及祈祷孩子长命百岁的仪式。分娩后十日，还要为孩子取名。婆罗门的名字要以“安”字结尾，刹帝利的名字要以“铠”字结尾，吠舍的名字则要以“护”字结尾。

第四种，第一次进食——根据希望自己的孩子将来成为什么职业的人的不同，喂的食物也有所不同。孩子第一次进食的食物一般有羊肉、鸡肉、鱼肉、乳制品和大米等，据说这在当时是非常有名的一种仪式。

第五种，剃发——到了一岁或者三岁，男孩就要一边唱赞歌，一边将他的头发全部剃掉；女孩则不用唱赞歌，直接将她的头发全部剃掉。但根据家族习惯的不同，保留些许头发的情况也不是没有。

第六种，入门——根据种姓的不同，各自入门的时间也不同，本章开始的雅利安人的梵行期已经讲述过了。前三种种姓的子弟达到一定年纪，就会在身上绑上圣线，然后被送到师父门下。这时，师父会手捧清水，问少年的姓名和他先祖的情况，让他发誓要成为自己门下的弟子。之后，师父将手里捧着的水倒在少年手里，并握住他的手，然后将自己右手举起，口念神的名字，宣布自己成为这位少年的师父。古时候，对于前三种种姓来说，入门的仪式都是非常重要的。到了现代，只有婆罗门还保留着入门的仪式。

第七种，归家——学生完成学业后就回家，如果无家可归，就自己盖房子。这时候要举行唱赞歌的仪式。接下来就结婚。进入家居期时，首先要制作圣火，其后还要进行和一家之主有关的各种重大的仪式。

跟一家之主有关的仪式共有七种：

第一种，祖先祭——每一个月都要举行祖先祭。这时，一家之主作为祖先的代表，还要请来德高望重的僧侣们，奉上净水，供上鲜花、香烛和衣服，呈上食物给僧侣们，并将另一些食物投入火中，这样祖先就能享用到后人供奉的食物。在该过程中，一家之主还要咏唱能够让祖先高兴的赞歌。

第二种，新月满月祭——在这一天要禁食，并祭拜分配给该天的神。

第三种，蛇祭——雨季中，在斯拉瓦尼月①满月之日举行的仪式。雨季是蛇繁殖的高峰期。为了能够免于蛇难，人们才举行这种仪式。

第四种，因陀罗祭——阿斯瓦尤吉月②满月之日举行的仪式。祭拜的是雨神因陀罗和因陀罗的配偶悉多神。当初，人们为了庆祝丰收才举行该仪式。到了近代，祭拜的对象不是悉多神，而是吉祥天，后来又改成了杜尔迦。

---

① 印度的月份名称，指每年的七月到八月。——译者注

② 印度的月份名称，指每年的九月到十月。——译者注

第五种，年祭——阿拉哈亚尼月[①]满月之日举行的仪式。据说在这天晚上，“年”会现出他的真身。这天晚上举行的祭祀仪式是为了赞颂“年”。

第六种，冬祭——这个季节是一年四季中最令人欣喜的季节。在这个季节，人们供上蔬菜、鱼肉和点心，以此来祭拜掌管季节的众神。

第七种，四月祭——沙伊特里月[②]满月之日举行的仪式。这是一年之中举行的最后一场仪式。该仪式祭拜的对象是雨神、火神、暴风雨神及星座等。

这些古老的仪式大多都被废弃了。虽然现在还在举行新的祭祀仪式，但几乎已经和古老仪式没有任何关系。这些古老仪式中的大部分都是让人皆大欢喜的，近代的各种仪式也自始至终体现了该精神。

① 印度的月份名称，指每年的十一月到十二月。——译者注

② 印度的月份名称，指每年的三月到四月。——译者注

第 22 章 《补经》概述

印度和其他国家迥然不同，天文也好，文法也好，音韵也好，哲学也好，这些学科都是因为与宗教有关联才得以发展起来的。具体来说，因为需要准确地计算举行祭祀的日子，所以才有了观察天文星象的动机；因为咏唱赞歌时的错误发音会触怒神明，所以音韵学才得到了发展；因为想要正确地理解古代圣典的内容，才产生了文法和语言学；因为神学的复杂繁琐，才引发了人们对哲学的思考。这些都是印度独立发展起来的学科，绝不是从其他国家那里学来的。

印度也独立发展了自己的医学。使用不同的部位来祭祀不同的神，需要对作为祭品的动物进行解剖，印度的医学就是在此基础上发展起来的。医学作为吠陀的增补部分，被认为是来自神的天启，在经典时期取得了一定的进步。帕尼尼文典中收录有各种特殊的病名。因为其他文献中都没有提及医学的部分，所以具体内容无从考证。

数学知识也是不依靠其他国家，完全由自己独立发展起来的。十进制的符号起源于印度，然后通过阿拉伯半岛传入欧洲。具体来说就是从“1”到“9”的文字，全部是取其发音的第一个字母，然后简化得出的符号；“0”则用“空缺”这个词的首字母来表示。很显然，数学和天文学、几何学等互相关联，依附于宗教，才得到了进步和发展。跟数学有关的文献也都没有保存下来。

这个时代发展起来的天文学也没有任何参考资料保存下来。或许是因为后世的往世书时代发展出了更完整的天文学体系，所以这个时代的天文学才自然衰败了。

作为数学的一个分支，几何学在这个时代发展成了一门独立完整的学科。不用说，这也要完全归功于宗教。为了确立祭坛构成的规则，几何学才得以发展。附属于《法经》《家经》和《闻经》的保存至今的《补经》中对几何学的部分有着详细的记载，由此可以对当时的几何学的发展水平有一个粗略的了解。本来在《黑夜柔吠陀》中就列举了祭坛的各种形状，还标注了各种形状的面积大小。这些形状有车形、圆形、瓶形、方形和龟形等十六种。为了让祭坛的面积保持固定，在建立这些面积固定、形状不同的祭坛时，不得不依靠几何学的知识。通过书中对祭坛构造法的详细描述，可以洞察到其中运用的几何学知识。《补经》详细描述了如何将圆形改造为方形，将长方形改造为三角形，将龟形改造为瓶形的规则。其中最引人注目的是以下四点：一、直角三角形两条直角边的平方和等于斜边的平方。该规则在现代被认为是毕达哥拉斯的功劳，但至少在毕达哥拉斯两个世纪以前，印度就有了该规则的

毕达哥拉斯
（前 570—前 495）

记载，毕达哥拉斯只是学习了印度的几何学，并将该规则传播到欧洲罢了。二、知道正方形一条边的长度，就能够计算出这条边所对应的对角线的长度。可用下面式子表示：

1+1/3+1/（3×4）-1/（3×4×34）=1.4142156

利用现代的知识进行计算的话，其实就是$\sqrt{2}$=1.414213……。这样看来，上述算式得出的结果和现代算法得出的结果，到小数点后五位为止都是一致的，这已经和正确答案非常接近了。三、作出和正方形面积相同的圆形的方法。该方法用下图表示。

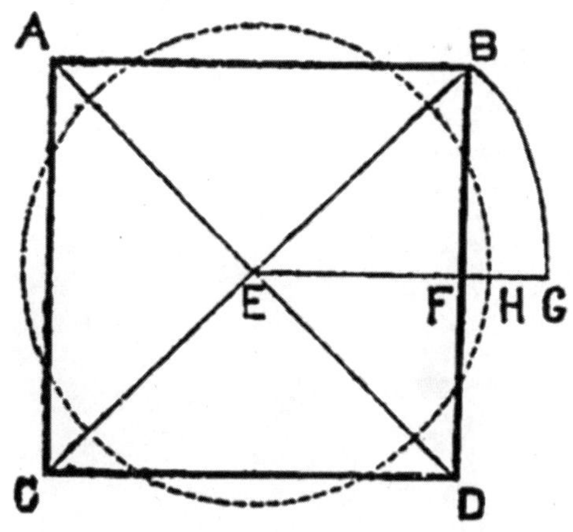

也就是说，以对角线的交点为圆心，右上部分对角线的一半往正东方向旋转，这时对角线的一半肯定有一部分要落在原正方形之外。然后将该超出的部分三等分，以三分之一处到圆心的距离为半径画圆，画出的圆的面积就和正方形的面积是一样的了。这样的计算方法得出的圆的面积已经非常接近正方形的面积。四、将圆形改为正方形的方法，要利用以下的公式。圆的直径为：

7/8+1/（8×29）-1/（8×29×6）+1/（8×29×6×8）

将得出的结果作为正方形的边长，那么具有该直径的圆形和具有这个边长的正方形的面积是相等的。

由此可见，几何学已经发展到如此发达的程度。但因为该几何学的理论是通过代数或者数学的方式表达出来的，所以自然而然就遭到人们的淘汰。再加上到了后世往世书时代，人们开始祭拜神像，关于祭坛构造的方法也就没有用武之地了。于是，关于几何学的研究就此中断，只有在古经中才能找到该学科曾经存在过的身影。

第 23 章　六派哲学

第 1 节　数论学派

一、创始人及其年代

印度的哲学体系中，最古老的大概要属数论了。“僧佉”这个词在奥义书中就曾出现。数论学派的大家有迦毗罗、般遮尸诃、阿修利等。阿修利这个名字在《百道梵书》中经常出现，从这点可以看出，阿修利这个人十分精通祭祀。迦毗罗是一个非常热衷于搞研究的学者，《广林森林书》中出现的迦毗罗应该就是指他。迦毗罗仙人其实就是数论学派的开创者，他给当代乃至后世都留下了深远的影响。后来，人们还将他当做神来膜拜。《白骡奥义书》中还有皈依迦毗罗佛的记载。其他哲学学派的创始人都没有享受到这样的待遇，只有数论学派的创始人受到了如此的爱戴，这也足以说明数论学派成立的年代是非常久远的。此外，证明数论学派年代久远的关键资料都和佛教有着密不可分的关系。

如今，迦毗罗仙人的哲学和佛陀创立的佛教依旧大放异彩。众所周知，这两者间的渊源由来已久，所以在很多方面都有相似之处。对他们间的渊源我们没有必要深究，下面仅对这两者间存在的众多相同点做一番说明。一、以普度众生、让众生从烦恼中解脱出来为最终目标；二、摈斥吠陀的祭祀仪式，认为生祭是不净的，反对生祭，认为进步的唯一方法就是净行；三、通过慧和定才能找到解脱的方法；四、采用了奥义书中的轮回说；五、以涅槃为最终目标；六、相信无神论等等。然而，迦毗罗仙人要比佛陀早一个世纪出名，作为一名学者度过了一生。只有少数几位思想家得到了他的真传。他的思想并没有发展到对世人都持有一颗慈悲之心的程度，也没有发展成一门宗教。佛陀在迦毗罗仙人生活过的迦毗罗卫城出生。佛教的教理虽然大部分继承了迦毗罗仙人的思想，但却有着迦毗罗仙人的思想不具备的辛酸血泪史。佛教同情劳苦大众，佛教的慈悲之心其实就是包容一切众生的心。正是因为佛陀的这一独特之处，才使得佛陀的人格更加完美，最终得以创立伟大的佛教。李斯·戴维斯说，数论学派是现存记录中最早的哲学学派，它是人类第一次试图从纯理论的角度，来回答作为一名思想家不得不面对的，诸如宇宙的本源、人的本性、未来的命运等叫人匪夷所思的难题。由此可见，印度文明在世界文明史上的地位是何等重要。

二、圣　典

数论学派的圣典有《数论经》。这本经书虽被认为由迦毗罗仙所作，不过应该是后世编纂的产物吧，或者至少是经过了后人的重新修订。除《数论经》外，还有《数论颂》，后者通过七十二句对偶句，简要阐明了数论学派的纲领。其作者是自在黑。《数论颂》很早就被真谛三藏翻译成中文，名为《金七十论》。此外，这本梵文著作还被翻译成了德文、法文和英文。

三、纲　领

数论是指不可动摇的二元论。所谓二元，是指神我和自性。神我是纯洁的，而自性是不纯的。两者间既互相影响，又作为独立的个体永久存在。两者不能互为因果。数论派不是采用分析的方法来研究宇宙，而是采用综合的方法来研究宇宙，并认为宇宙是从自性发展而来的。这也就是僧佉之名的由来。僧佉就是“综合”的意思。正理派的宗旨正好与数论学派相反，认为应该从主体的内部开始研究，也就是采用分析的方法。尼耶也的名字就是由此而来。数论在论述宇宙的发展这一命题时采用了非常有名的二十五谛的说法，对宇宙发展的状况和顺序作出了说明。

五惟 （喜性）

十根 （忧性）

五知根、五作根

一心根

五大[①]（黯性）

五惟：色、声、香、味、触

五知根：眼、耳、鼻、舌、身

五作根：口、手、足、生殖器官、排泄器官

五大：空——声，风——声和触，火——声、触和色，水——声、触、色和味，地——声、触、色、味和香。

二十五谛可以分为四句：

（一）能造者——自性

（二）能造所造者——大、我慢、五惟

（三）所造者——五大、五知根、五作根、心根

（四）非能造、非所造者——神我

心根、我慢和大间的关系如下：

心根只是处理感觉的系统，其作用是处理眼、耳、鼻、舌、身获得的外界的信息，让这些感知到的印象进入意识层面。

我慢就是意识，其作用是让这些感知到的印象成为我的一部分。也就是让每个个体都有属于自己的个性。

① 五大是从五惟发展而来的。——原注

大也是指感觉。其作用是区别和判断成为我的一部分的印象，最终形成观念。综上所述，心根负责感知外界，并将感受到的信息转化成一个人的认识，我慢又将这些认识转化为我的一部分。之后，大又将这些成为我的一部分的认识转化为一个人的观念。数论的注解部分这样写道，就像村长向村民收取税金，然后又将这些税金转交给县官，县官又将其转交给大臣，大臣又将这些税金交给国王，最后为国王所用一样，心根通过外部的器官获得各种各样的印象，并将这些印象传递给我慢，我慢又将其传递给大，大又将这些印象传递给神我，最后为神我所用。这三者的关系几乎和现今的心理学的某些看法完全一致。

如上所述，数论认为万物皆源自自性，但神我并非不起任何作用。神我和自性的肉体间存在着密切的联系。因为该联系的存在，才衍生出了万物。如果神我和自性的肉体分离了，人就得到了解脱。因此，整个宇宙除神我外的所有事物都是由自性演化而来的，自性是第一元素。该元素衍生出了地、水、火、风、空这些元素，然后又衍生出了感觉、五官、心和意识。从这点来看，数论和唯物论相似，但从在物质外又有独立自我的永恒存在这点来看，数论又有别于唯物主义。大概是因为“我”的思想在印度得到了广泛的普及，就连迦毗罗仙人也不能挣脱这一思想的束缚。通过赞同“我”这一观点来看，数论和奥义书是完全一致的，但奥义书认为，个人精神也是宇宙精神的一部分，宇宙精神之外不存在所谓的个人的精神，而数论则认为，因为有了个人不同的精神，才存在每一个不同的个体，每个人的精神是有别于自性的独立存在。在该问题上，数论和奥义书间又存在差异。

四、自性－神我间的关系

自性和神我间的关系就像跛子有了拐杖才能行走一样。两者结合后才能发挥出彼此的功能，才能衍生出万物。两者最初是完全不同的存在，神我要么独立存在，要么和自性合二为一，和自性结合的话，就衍生出万物；和自性分离的话，就是所谓的解脱。自性充满活力，神我饱含智慧。自性服从于神我，听从神我的指挥。神我则命令自性——所下的命令都是为了自性。

五、三　性

自性能衍生出万物，还要借助三性的作用。所谓三性，是指喜性、忧性和黯性。自性包含三性，三性以同等的比例包含在自性中，并保持着平衡状态。喜性作用的结果产生了五惟。忧性增多，就会形成十一根。黯性占了上风，则会形成五大。天地万物就是这样产生的。所以，“三性说”的存在是为了解释万物的变化。在后来的印度哲学中，“三性说”占据了非常重要的地位。

六、设立二元的原因

自性的存在有五个原因。一、各种事物都是有限的，这些有限的事物一定要有一个根本因。二、世间万物有共通性，即不同的果都来自同一个因。三、世间万物始终保持进步和发展，也要有一个共同的因。四、这个世界就是果，为了有这个果，就必须要有根本因。五、世界是统一的，证明了万物都来自于同一个因。有了这五个原因，迦毗罗仙人才得出了万物源于自性的结论——万物都源于自性这一根本因。

要论证独立于万物的神我的存在，也有五个原因。一、宇宙万物之所以井然有序，各得其所的原因是，一定存在某种使用世间万物的存在。即世界是为了某种存在才保持着现有的秩序。就好像寝具包含床铺、枕头和被褥等，但寝具的出现不是为了寝具本身，而是为了睡觉的人。同理，由五元素构成的这个世界必定也不是为了这个世界本身而存在，而是为了某一种使用这个世界的存在而存在。二、物质是构成苦和乐的材料。除了物质，没有任何东西能够感受苦和乐。三、必定存在某种事物庇佑着这个世界。四、必定存在某种享受着这个世界的事物。五、有向上的希望是最终能够达到上述境界的体现。通过这五个原因，迦毗罗仙人才得出除了自性，还有神我存在的结论。如前所述，数论的神我并不是唯一的存在，每一个个体都有与之对应的神我。

七、证明法

数论的证明法有三种：证量或现量、比量、圣言量。证量是指五根的眼、耳、鼻、舌、身，能够感受色、声、香、味、触；比量是指从因推果，从果推因和同类推理；圣言量的出现，第一次用圣教的语言解释了难懂的证量和比量。正理派认为除上述三者外，还存在第四种量，叫“比喻量”。吠檀多派认为除上述四者外，还有另外两个量，一共六量。迦毗罗仙人的理论就是建立在这三种量上的。因此，数论学派接近无神论派。数论学派没有一味地否认神的存在，只是强调无法证明神的存在。换句话说就是，神是不可知的。所以，数论学派大体上倾向于无神论。面对吠檀多派的权威地位，数论学派也没有要违背正统教义的想法。

八、轮　回

迦毗罗仙人虽然继承了奥义书中关于轮回的思想，但做了一些修改，使这些思想更符合数论学派的哲学思想。神我就是永恒不变的存在，而大、我慢和心根则是属于物质方面的东西。仅仅依靠这三者是无法解释清楚何谓轮回的。要解释清楚轮回，必须要让神我附着在某个东西上。于是就有了神我和大、我慢及五惟这七种事物之间有着密切联系的假设。这种密切的联系被称为“细身”，即轮回的关键。细身是指拥有独立人格的肉体。人要接受审判，并根据自己在这一世所积累的善业和所犯下的恶业，决定死后是要前往西方极乐世界，还是要堕入十八层地狱。因此，轮回主要是以人道为主，加上八个天道和五个兽道。八个天道是指：一、梵王；二、世主；三、因陀罗；四、乾闼婆；五、阿修罗或月神；六、夜叉；七、罗刹；八、沙神。五个兽道是指：一、四足，即家畜；二、傍形，即野兽；三、飞行，即鸟类；四、胄行，即爬行类、鱼类和昆虫类；五、不行，即植物和非生物。而人道就处于天道和兽道的中间。天道属于喜性，人道以忧性为主，兽道则属于黯性。人根据自己的所行接受不同的审判，或者升入天道，或者堕入兽道，或者留在人道。

夜叉

九、解　脱

要想让神我完全脱离细身，得到最终的解脱，就必须要依靠神我和自性充分结合后产生的智慧。让领悟到的智慧和定力相互作用，最终才能得到解脱。然而，在领悟到智慧的同时，神我还是不能脱离自性而存在。神我会暂时住在自性的身体中，享受自由平安的快乐，斩七情，断六欲，等待最后的解脱。时机一到，神我和自性就会分离开来。分离之后，自性会停止活动，神我就成了独立的个体，成为永恒的存在。

解脱是数论学派的最高境界。所谓解脱，就是脱离苦海。苦一共分为三种，即依内苦——身心的苦，依外苦——自然的苦，依天苦——超自然的苦。吠陀时代的仪式是通过生祭来膜拜神明的，对脱离苦海可以说毫无裨益。只有依靠智慧和定力，才能达到解脱的最高境界。

第 2 节　瑜伽派

一、创始人及其年代

数论学派的缺点是无神论，准确地说应该是认为神是不可知的这个观点存在缺陷。这就是数论学派得不到普罗大众支持的关键所在。为了弥补该缺陷，瑜伽派应运而生。瑜伽派的创始人是生活在公元前 2 世纪的波颠阇利。关于波颠阇利，他的母亲叫作俱尼迦。他曾在迦尸弥罗国住过一段时间。除此之外，便一无所知。波颠阇利自称出生在俱那陀。这个地方属于东印。波颠阇利的名字似乎和被认为是数论学派创始人的迦毗罗仙人有着某种联系。或许是其后裔也说不定。耶若婆佉仙人似乎也和瑜伽派的思想有着某种直接的联系。

“瑜伽”这个词是从“融合”“冥想”或“归入”的意思中派生出来的。包含这些意思的“瑜伽”这个词，在《泰帝利耶森林书》和《羯陀奥义书》中都能见到。可见，瑜伽思想并不是在一朝一夕形成的。推断波颠阇利生活在公元前 2 世纪的依据是，在此之前，也就是公元前 4 世纪，帕尼尼大仙人成名，完成了世界独一无二的法典。帕尼尼的后辈中有一位叫“迦旃延”的学者，对帕尼尼提出了反对和质疑。后来，波颠阇利为帕尼尼文典添加了注释，在注释中继承了帕尼尼的学说，并为其做了辩护。这份资料成为断定波颠阇利生活年代的关键证据。在这份注释中，波颠阇利渊博的知识让世人震惊。迦尸弥罗王家将这份注释代代相传，保存至今。

波颠阇利

二、目　的

如前所述，瑜伽派的目的是弥补数论学派认为神是不可知的存在这一缺点。也就是说，在继承了数论学派的教理后，添加了对至高无上神的信仰的部分，以及作为获得解脱的方法，又添加了神秘的瑜伽观行的部分。瑜伽派只是在数论学派关于解脱方法的执行部分，增添了瑜伽观行的内容，在哲学方面并没有留下特别有价值的东西。一言以蔽之，可以称瑜伽派为有神论的数论学派。从瑜伽派承认神的存在这点来看，和数论学派相比，它更接近正统派。瑜伽派的目的是期望达到和大我融合的境界。瑜伽派的经典都是关于如何才能达到该目的的各种方法的说明。

三、圣　典

《瑜伽经》由四段组成。分别是：一、解释何为禅定；二、说明禅定的方法和应该如何修炼；三、解释何为神通；四、说明如何才能得到神我的解脱。

四、禅　定

禅定是在抑制了内心的活动后才能达到的境界。要想抑制内心的活动，就需要不断进行练习。所谓的融合状态，有两种类型。一种是通过意识获得的，另一种是通过潜意识获得的。后者的境界要比前者高。对神的虔诚信仰可以让人更加容易达到融合状态。这里的神是指自在天。自在天是指脱离苦难、无欲无为的宇宙精神。妨碍进入瑜伽状态的有疾病、怀疑和俗世人情等。人们可以通过集中精神、培养慈悲心、不去在意苦和乐或者是通过调整呼吸的方法来消除这些障碍。

五、方　法

达到瑜伽融合状态的方法有很多种。在数论学派章节的最后曾经提到通过真知就能让神我和自性分离的方法。瑜伽派在继承了数论学派精神的基础上，提出了获得真知的八种方法。它们是：一、远离杀生、偷盗、淫邪、妄语和贪欲；二、要清净、知足、忏悔、精进和信神。以上两种方法是僧侣和俗人需要共同遵守的法则。接下来的几种方法只适用于瑜伽修行者。三、入定凝神时，需要保持专注；四、注意调整呼吸。五、要停止各种“根”的活动；六、入坚固；七、入禅；八、入定。最后三者是瑜伽派修行的精髓所在，三者合称“三耶摩”。如果能达到该境界的话，就能获得神通，脱离生死的束缚，达到解脱的最高境界。因此，要达到瑜伽的这一最高境界，一开始就要通过远离各种欲望，诵读咒文，虔诚信神等方法，压制愚痴、狭隘的个人看法、厌世之心和生活的各种欲望，以此来达到远离“业”的目的。愚痴等都会制造“业”。“业”会让人深陷轮回生死之苦。因此，远离了“业”，也就脱离了生和死。这就是瑜伽修行的最高目标。

六、神　通

所谓的神通是指能够洞悉过去和未来，耳听八方，感知他界，能够获得和鬼神沟通、行走于空中和水上的能力，以及其他各种各样超越人类的力量。这些力量被称为“广大的神通”。其实这些都是民间的迷信，这些迷信完全玷污了数论学派崇高的教理。获得这些神通并不是瑜伽修行者修行的最终目的。这些神通不过是神我在脱离自性，远离生死，进入最高境界后获得的附加能力。

七、优缺点

瑜伽派的教理，原封不动地引用了数论学派的二十五谛理论，并在此基础上加入了关于神的部分，合为二十六谛。如前所述，神就是存在于苦乐业报之外的超然的宇宙精神。为了拯救世人，神将该宇宙精神通过吠陀传授给古仙人，体现了神普度众生的慈悲之心。将数论学派的教理和神的思想进行了完美的结合，灵活运用了数论学派的教理，让其发挥了最大的功效，这就是瑜伽派的优点。不幸的是，因为当时迷信思想的蛊惑，几乎在顷刻之间，

瑜伽修行者

瑜伽派最初的精神荡然无存，人们陷入对禁咒秘法等的一味追求中，最后还发展到了采用极其残忍的方式来举行祭祀仪式的地步。这就是瑜伽派的缺点。由此可见，瑜伽派在转瞬间兴起，又在转瞬间灭亡。现今存在的瑜伽修行者，专指那些以极其残忍的方式来执行祭祀仪式的坦特罗派[①]的人。综上所述，瑜伽派最特别之处在于对神的信仰和禅定修行的方法。该修行方法绝不是一朝一夕就能完成的，需要一个循序渐进的过程。该过程在《阿闼婆奥义书》中有着非常详细的记载。甚至在帕尼尼文典中都收录有“瑜伽修行者”这个单词。瑜伽派和数论学派最昌盛的时期是在1世纪左右。据说，小亚细亚的诺斯替主义[②]就是受其影响发展而来的。瑜伽派当初在未受到迷信影响时，因为它的观点非常符合喜欢沉思的雅利安人的特质，所以瞬间就吸引了来自四面八方的信徒，最后却因那个时代迷信的影响而瞬间没落。《瑜伽经》中用了大量的篇幅来描述各种神通。或许这部经书已经不是出于波颠阇利仙人之手，而是出于后世其他人之手也未可知。其中的神我和自在天，很早就成了民间信仰的对象。后来，人们还将他们和湿婆天、吉利瑟那天混淆。这在《薄伽梵歌》和《摩诃婆罗多》中都有体现。

第3节　正理派

一、创始人及其年代

正理派的研究方向和数论学派正好相反。正理派的创始人是乔达摩。印度古仙人中有三位叫这个名字的。第一位是经典的编成者，第二位是正理派的创始人，第三位是释迦牟尼。因此要注意区分这个名字到底是指哪一位。这位乔达摩，还有个别名叫“足目仙人”。作为因明学[③]的创始人，他的名字在古代佛教学者间广为流传。虽然乔达摩成名的年代不详，但很明显他是生活在这个时代的——大约是在迦毗罗仙人之后，生活在1世纪左右。从创始

① 被印度正统教派视为异端的教派。——译者注

② 3世纪到4世纪在地中海地区盛行的一种宗教思想。特点是提倡物质和灵魂的二元论。——译者注

③ 印度正理派所推崇的一种思维和推理方法。“五明”中的一种，其他四种是“声明、工巧明、医方明和内明”。——译者注

人出名的时间来看，数论学派创始人最早出名；从建教的时间来看，正理派似乎是最早成立的。也有人认为，正理派和胜论派的成立时间要排在六派的末尾，其中正理派的成立时间最晚。理由是《吠檀多经》中曾数次声讨胜论派，却只字未提正理派。虽然可以大致排出吠陀、梵书和奥义书这三大文学出现的时间先后顺序，但深究的话，如前所述，其中有很多内容其实都是新旧掺杂的。六派哲学也是这种状况。对于创始人出名的年代和教理成立的年代，乃至经典的集录年代，学者间的意见各不相同。关于古印度的研究，只要一涉及历史时间的问题，就会让学者们唏嘘不已。

二、教　理

人们认为出自乔达摩之手的《尼耶也经》一共有五卷，论述了十六谛的观点。“尼耶也”是研究主题奥义的意思，也可以说是分析的意思。十六谛的名称如下：

（一）量。要测量物体，首先要知道度量衡。这就是首先讨论量谛的原因。量一共分为四种。第一种现量，第二种比量，第三种比喻量，第四种圣教量。通过这些量能衍生出真知，而真知的本源就是《尼耶也经》所说的神，吠陀中所说的古仙人乌德衍那，以及吠陀本身。所以该经书是以吠陀中的内容为标准创作的。这就被称为“圣教量”。可以参照上文数论证明法的内容。

（二）所量。要证明的事物一共有十二种，它们分别是：我，即灵魂；体，即身体；感觉，即感觉器官；对境，即外在世界；智，即知性；意，即意根或内感官；动，即过去、现在和未来的活动；过失、轮回、果报、苦和解脱。第一，所谓我，是人与人相互区别的特质，它存在于身体和感觉之外，是智慧的所在。所以这个我是永恒不变的，根据一生所为的状况，不停处于轮回中。到这里，正理派的观点完全是受到了数论学派的影响，和数论学派的观点大同小异。在此基础上，正理派还提出了和数论学派不同的观点，即认为存在至高无上的真知，以及创造世间万物，并能让世间万物获得重生的神。第二，所谓体，是指客观存在的物质。第三，所谓感觉，是指五感，即眼、耳、鼻、舌、身这些客观存在的物质。之后的第六——意，也是属于五感的器官。体、识和意的关系，与数论学派的观点是一致的。这也说明了数论学派在印度哲学中的地位是何等的重要。第四，所谓对境，是指色、声、香、味、触这五境。第五，智又分为记忆和观念两种类型。如果记忆和观念是通过量获得的话，那就被认为是正确的，反之则被认为是错误的。第七，所谓动，是指行动，即在追求快乐，远离痛苦的欲望下所采取的行动。第九，所谓轮回，是指我不停地从一个身体转移到另一个身体的过程。第十，所谓果报，是指报应。第十一，所谓苦，是指最初的恶。世间有二十一种恶，这些恶全部都是苦的根源。第十二，所谓解脱，是指不以行为的好坏为依据，而是根据是否获得真知，达到的我的不同的状态。正理派论述这十二个所量的中心思想就是人因为谬想才萌生了各种欲望，有了欲望就会犯各种错误，犯了各种错误就会有功过的审判，然后永远在生死之间轮回。如果是这样的话，那么为了达到最终的解脱，只要一开始除去所有的谬想就可以了。所以，正理派的最高目标就是获得真知，获得了真知就能够获得最终的解脱。因此，十六谛中最重要的部分就是上述量和所量两谛，其他都是属于这两谛中的小谛。

（三）疑惑；（四）动机；（五）实例；（六）决定；（七）论法；（八）反驳；（九）确定；（十）辩论；（十一）纷争；（十二）狡辩；（十三）谬见；（十四）颠倒；（十五）善辩；（十六）终结。

后十四谛不是很重要，所以只是将它们的名称列举如上。简要概述一下就是，有了“疑惑”的地方，就会有想要寻求答案的“动机”。参照“实例”做“决定”时，有时会有不同意见的人通过“论法”的方式提出质疑。为了要“反驳”他，就要更加“确定”自己的理论是正确的。还会有更多的反对者出现，那就要和他们进行“辩论”。这样就会产生“纷争”和“狡辩”。进一步指出他们的“谬见”，将他们那“颠倒”的看法纠正过来，通过“善辩”之舌说服他们，让他们词穷语塞。最后以他们的失败为“终结”。

三、目　的

乔达摩的最大功绩就在于通过十六谛将他的理论完整地组织了起来。该理论的目的就是获得真知，通过真知得到最终的解脱。所以，真正的快乐是通过获得真知来达到彻底远离苦痛的目的。这也是正理派的原则。采用该原则的其实不只正理派一家，其他派一般也都承认该原则，只不过是正理派赋予了该原则特殊的意义罢了。

四、优　点

正理派最大的优点就是提出了比量的观点。正理派的比量，其实就是世间所说的五分作法，是真正的论式。后世作为因明得到广泛继承和发扬的其实就是这里的五分作法。下面举一个例子来说明。

（一）对面山上有火。……………………………宗

（二）对面山上有烟。……………………………因

（三）冒烟的东西都有火，就像灶。…………喻

（四）对面的山上有烟。…………………………合

（五）所以那里必定有火。………………………成

这里的五分作法，如果将前两句删掉，或者将后两句删掉，就完全和亚里士多德的三段论一致了。虽然两种理论产生的地点一个在东方，一个在西方，提出的看法却完全一致。该现象难免不叫人提出质疑，到底这一切只是单纯的巧合，还是说两者间存在着某种因果联系。虽然没有决定性的资料能够解答该疑问，但能够确定的有两点：第一，希腊提出该论点的时间要晚于印度，第二，和印度的理论相比，希腊的理论水平更高。说不定是亚历山大大帝的师父亚里士多德曾经从印度学来了该理论，又凭借着自己的聪明才智，完善发展了该理论。后世的因明学只是继承了正理派关于比量的内容，以及获得真知的方法。正理派不会因为比量这一小部分的内容就得到满足，而是以获得最终的解脱为终极目标。比量这一部分内容只不过是获得该终极目标中的一小部分罢了。所以，不应该将正理派同后世的因明学派混为一谈。

五、现　状

当时的印度，论理已经成为一门主要的学科。在理论派乔达摩时代，来

自摩揭陀、鸯伽、憍萨罗国、毗提诃等国的学生，一同住在师父家里，向师父学习论理的知识。该状况一直持续至今。现今，孟加拉有名的论理学校每年都会接纳很多来自迦尸弥罗、西印度和北印度的学生。这些学生在数年间都要住在师父家里，学习论理知识。像这样古代的学问还能在现代保持它原有的面貌，并通过原有传统的方式传授给学生的情形，真的可以说是世界独一无二的奇观了。尽管如此，时代的发展并没有将印度遗忘，大学的创立和特殊学校的设置，每年都吸引了大批学生前来学习深造。迫于生计问题，论理教师不断地向其他地方迁移。

第 4 节　胜论派

一、创始人

“Vaiseshik”即“胜论”。该词来自具有极其微小属性的“异”这个词。胜论派的创始人是迦那陀仙人。正如瑜伽派的兴起是为了弥补数论学派的缺点，胜论派也是为了弥补正理派的缺点而兴起的。如前所述，《吠檀多经》中有反驳胜论派思想的内容。不过，当时《吠檀多经》是否已经完成就不得而知了。

二、教　理

胜论派的根本原理是，世间万物都是由极微组成的。世间存在着无数永恒不变的极微。这些永恒不变的极微，在不可见法则[①]的作用下，时而集合，时而离散，就这样形成了世间万物。此外，胜论派在说明万物的产生和灭亡的时候采用了六句的说法。第一，实；第二，德；第三，业；第四，同；第五，异；第六，和合。所以胜论派认为万物是在不可见法则之力的作用下，由极微的合离产生的，并不是由神创造出来的。所谓不可见法则之力，大概是指感知前世所造的业的力量。如果是这样的话，宇宙的存在是由能够感知业的某种事物创造出来的，这种事物与佛教有着某种联系。

① 极微是在不可见力的作用下运动的。——译者注

三、极 微

光线中可见的微小颗粒，是人眼能观察到的最小的物体。既然物体是合成的结果，就必然存在比光线中微小颗粒还要小的物质。所以如果再往下细分的话，肯定能得到一种不是混合物的单一物质。这种单一物质叫“极微”。极微其实是这个世界上最小的物质，根本无法被人眼观察到，也无法再分解为更小的物质。当两个极微组合在一起时，得到的物质被称为“第一混和物”；三个极微组合在一起时，得到的物质被称为“第二混和物”。以此类推。太阳光线中可见的微小颗粒实际上是六个极微组合的产物。像这样两个地性极微在不可见法则之力的作用下，组合成为第二极微；三个第二极微组成第三极微；四个第三极微又组合成第四极微，以此类推，就形成了各种类型的块团，最终形成大地。同理，水性极微就形成了海洋，火性极微就形成了大火，空性极微就形成了天空。既然已经对极微做了说明，就必须进一步对六句做一番解释。

四、六 句

（一）实——有九种类型。第一，所谓地，是指含有色、味、香、触的东西。第二，所谓水，是指含有色、味、触及汁液的东西。第三，所谓火，是指含有色、触的东西。第四，所谓风，是指只含有触的东西。以上四者如果作为极微，永恒不变；如果作为混合物，则有产生、灭亡、变异的变化。第五，所谓空，是指只含有声的东西。空不含有极微，只是一种永恒存在的不稳定的东西。第六，所谓时，是指感知彼此、俱不俱[①]和快慢的东西。第七，所谓方，是指感知东、西、南、北等的东西。时和方这两者也都不是实际存在的物质，不是由极微组成的。它们只是一种永恒存在的不稳定的东西。第八，所谓我，是指通过领悟乐、苦、欲、嗔、勤勇、行、法和非法中的和合因缘，获得智慧的东西。第九，所谓意，是指通过领悟乐、苦、欲、嗔、勤勇、行、法和非法中的非和合因缘，获得智慧的东西。我和意这两者虽然不是极微，但像极微一样，极其微小。

---

① 佛教用语。——译者注

（二）德——作为上述九种实的各种属性，一共有十七种。第一，色；第二，味；第三，香；第四，触；第五，数；第六，量；第七，别体，即一；第八，合；第九，离；第十，彼体，即前；第十一，此体，即后；第十二，觉；第十三，乐；第十四，苦；第十五，欲；第十六，嗔，即厌；第十七，勤勇，即取舍。后世又增添了七种，最终合计二十四德。这七种是，第十八，重；第十九，轻；第二十，润；第二十一，行，即势用；第二十二，法，即功；第二十三，非法，即罪；第二十四，声。

（三）业——行为，分为五种。它们是第一，取，即上升；第二，舍，即下降；第三，屈，即收缩；第四，伸，即伸张；第五，行，即运动。

（四）同——共通性，让多数物体表现出共通性质的东西。同分为高、下两种。属和种的存在就是因为这个原因。迦那陀仙人认为同应该作为客观的存在。其他学派的观点都认为同应该只是主观的存在。这就是实在派和名目派的区别。

（五）异——特殊性，缺少和合的单一物质表现出来的性质。如我、意、时、方、空以及极微这些永恒存在的不同物质都具有该特性。

（六）合——和合性，指物体间的关系。就像陶土和瓶子、衣服和丝线、圆和圆形、种属和个体、活动者和活动、个性和实在间的关系一样。只要存在物体，物体和物体间就会存在各种各样的关系。

五、余　论

以上就是对六句的说明。一般认为，六句就是指这些内容。后世的学者又对六句进行增补，增加了有能、无能、俱分和无说四句，最后变为十句。只用原先的六句对一些内容无法作出充分的说明，因此又增加了后来的四句。汉译本中有本书叫作《胜宗十句义论》，对这十句的意思进行了说明。

综上所述，胜论派的核心就是研究物和力的关系，以及合离集散的法则。有观点认为，与其说胜论派是哲学，不如说它是物理学。胜论派应该是印度最早开始研究物理学的学派，因此难免有很多不足之处。

最后需要再对物和我的关系做一番简单的说明。如前所述，其他各派都认为我和物是两种独立的事物，是永恒不变的存在。吠檀多派认为，这两者并不是独立的事物，通过物体能够体现大我，即无上的精神。所以从吠檀多派的观点来看，这个大我才是唯一的，才是整个世界，人和物都只是大我的一部分。这就是印度正统思想和其他各派的最关键的区别。

第 5 节　弥曼差派

一、二弥曼差派

“弥曼差”这个词含有研究圣典的意思。研究印度思想时，和之前的各派相比，弥曼差派占据更重要的地位。弥曼差派分为两派，所以有时称其为二弥曼差派，或二吠檀多派。两派的名称如下：

行思惟派

梵思惟派

前者的创始人是阇伊弥尼仙人，后者的创始人是婆陀罗耶那仙人。两派的宗旨都是关于圣典的研究。人们称前者为“弥曼差派”，称后者为“吠檀多派”。一般通过这样的方式来区别这两派，因此本书也采用该方法。

二、两派的起因和结果

当时的思想界一般都是无神论倾向，排斥祭祀仪式。只有这两派仍然拥护和倡导保守精神。数论哲学破坏了奥义书中关于梵的思想；佛教又主张种姓平等，仪式无用。这两者的影响既广泛又深远，成为这个时代的主流思想。只有行思惟派仍然为仪式做辩护，梵思惟派依然主张宇宙精神。他们继续鼓吹保守精神。由于吠檀多派，即梵思惟派的拥护和倡导，作为古代奥义书精髓的宇宙精神再一次盛行，之后还成了印度思想的中心。

这两个正统派与其他各派的争论持续了几个世纪，最后以正统派的胜利告终。到了 7 世纪，弥曼差派出现了大学者鸠摩罗。鸠摩罗大肆鼓吹印度教，猛烈抨击佛教。两个世纪后，吠檀多派出现了有名的大学者商羯罗。最终彻

阿提耶仙人

底打败了佛教。这两人成名的年代都属于往世书时代，所以关于这两人的具体情况将在后续相关章节中再做说明。

三、圣 典

人们认为，弥曼差派圣典的作者是该派的创始人阇伊弥尼仙人。圣典全书共十二卷。但在这部经书中，还能看到阿提耶仙人、巴达里、阿伊季萨亚纳、婆陀罗耶那仙人等人的名字。第一位在《黑夜柔吠陀》的声音学中，第二位在迦旃延的《闻经》中，第三位在《海螺氏梵书》中都曾出现。最后一位的名字和吠檀多派的创始人的名字是一样的，很明显应该是属于该教派的另一个人。因此，这部经典应该不是一个人独立完成的，而是由属于这一派的几个人合作，慢慢整理出来的。其他派的经典也常常出现类似的情况。后世的往世书文学中将弥曼差派的创始人阇伊弥尼仙人称为“《娑摩吠陀》的启示者”。沙婆罗和鸠摩罗曾先后为该派的经典写了注释。鸠摩罗注释的出现，使弥曼差派进入了蓬勃发展的新时期。这部合计十二卷的经典主要说明了修行的种类、目的和结果。这就是人们将该教派命名为“行思惟派”的原因。

四、纲　领

经典的主旨即弥曼差派的目的是让人明白什么才是应尽的义务。这里的义务是指执行吠陀中记载的各种仪式。典型的仪式有制作圣火、呈献供品、调制神酒。这部经书中记载的都是各种各样的仪式。最盛大的仪式在进行的时候需要多达十七名僧侣；最简单的仪式也要四名僧侣。根据祭祀性质的不同，作为供品用的动物数量也不同。在举行最重要的马祭时，各种不同动物加在一起竟然不得少于六百零九头。举行这些仪式最初并不是为了顺应天意，而是因为吠陀经书中是这样规定的。人们可以通过举行这些仪式获得相应的报酬。执行这些仪式的目的后来才发展为侍奉神，因为人们认为侍奉神才是获得解脱的方法。《薄伽梵歌》中奎师那和阿周那的对话内容就该思想的体现。所以，弥曼差派的目的是向人们解释举行吠陀中规定的各种仪式的必要性，劝说人们进行祭祀活动。从这个角度来看，与其说弥曼差派是哲学流派，不如说弥曼差派是仪式流派。弥曼差派只是单纯地继承了吠陀及吠陀仪式的传统，研究了梵书的表面内容，并没有涉及过多更深层次的内容。这样尊重吠陀的结果就是，弥曼差派认为存在永恒不变的声音，即在变化无常的声音里，存在着永恒不变的声音。经书中提到：如果声音不能永恒存在，那么在声音结束后，就无法理解通过声音所传达的具体内容和意义。事实并非如此，所以足以证明声音是永恒不灭的。声音永恒存在的根据可以追溯到吠陀，吠陀中曾这样写道：

> 啊，请用永恒不变的声音赞叹吧！

以上就是弥曼差派又被称为“声论派”的原因。弥曼差派的理论只是选取了吠陀经文中的句子。那为什么弥曼差派又属于哲学六派之一呢？原因在于弥曼差派对它的教义的说明方法。该说明方法非常具有论理性：首先阐述了要论证的主题，然后提出疑问，再论述跟这些疑问相关的谬论，最后证明这些谬论都是错的，从而得出结论。

五、反对的结果

如前所述，弥曼差派的兴起主要是为了对抗佛教提出的仪式无用论，也是为了规整之前各教派关于仪式的说明各执一词、没有一个统一说法的混乱局面，并对吠陀及梵书中规定的各种仪式进行了论理式的说明。虽然弥曼差派一开始是以正确解释吠陀经文为出发点，但该派后来的发展方向却让人意外。具体来说就是，弥曼差派将重点放在仪式上，认为吠陀是至高无上的存在，吠陀本身就是终极。如果是这样，那么解释说明吠陀的东西又要怎样定义呢？实际上，弥曼差派对吠陀进行的论理式的说明既反对了神，也反对了理。虽然并没有完全否认神，但它的倾向是既没有给神绝对的权威，也没有给论理绝对的权威。神是不存在的。不过这对弥曼差派来说毫无意义。神的存在与否与弥曼差派的主要目的没有任何关系。所以，虽然阇伊弥尼仙人的理论属于正统派的范畴，但他却成了哲学及宗教的反对者，他的理论最终发展成了无神论。连商羯罗都认为弥曼差派的理论根本无法证明神的存在。为了弥补该缺点，吠檀多派应运而生。

第 6 节 吠檀多派

一、创始人及兴起原因

和弥曼差派相对，吠檀多派又叫“后思惟派”或者“梵思惟派”。如前所述，一般仍然称其为“吠檀多派”，即研究吠陀的终极学派。就像弥曼差派继承和发展了梵书中的仪式那样，吠檀多派继承和发展了奥义书中的思想。两者都是对吠陀的祖述，同属正统派。前者是关于礼仪的印度教，后者是关于思想的印度教。可以说，这两个教派对抗了佛教关于应该废除仪式的主张，还对抗了数论学派的无神主义和物质不灭说。

吠檀多派的创始人是跋陀罗衍那仙人。也有人称该创始人为“广博仙人”。据说，跋陀罗衍那仙人整理了吠陀，还写了《摩诃婆罗多》、往世书文学和《法论》。从“广博[①]”这个词本身就含有“整理者”的意思来看，该词应该不是一个专有名词，而是一个绰号。

二、圣　典

跋陀罗衍那仙人写的《梵经》是吠檀多派的圣典。该圣典的目的是让吠陀的理论符合一神泛神教，并反驳数论学派的无神论、瑜伽派的有神说和正理派的自然教等观点。通过《梵经》中提及数论、瑜伽、胜论、声论、耆那、兽主外道[②]和佛陀等来看，这本经书完成时间应该是六派中最晚的，大约在公元后。但“吠檀多”这个词在《泰帝利耶森林书》《羯陀奥义书》和《剃发奥义书》中都有出现。温迪奇曼曾经尝试从吠檀多派的创始人拥有“广博仙人”之名的事实来推测《梵经》的完成时间。他认为，广博仙人具有如下的师徒关系。广博仙人有一个叫“苏卡”的儿子。苏卡的弟子里有一个叫“乔荼波陀”的。乔荼波陀又有一个弟子叫“乔频陀”。乔频陀其实就是商羯罗的师父。根据该师徒关系谱可以得出，广博仙人生活的年代应该比商羯罗早两到三个世纪。该说法可能并不准确，因为这里的广博仙人是否就是跋陀罗衍那，这点还不明确。

三、教　义

此前也曾多次提到，吠檀多派属于泛神教派，继承了奥义书的精神。吠檀多派的信条可以用《歌者奥义书》中的一小节来概括。书中说道：

> 全世界其实都是梵，一切源自梵，又终将归于梵，全世界都在梵中呼吸生息。啊，许多人都在安静地赞叹着梵。

① 该词在印度有“整理者”和“编者”的意思。——译者注

② 又称“灰涂外道”，指遍身涂灰，以苦行祈求升天的外道。——译者注

数论学派将我和自性当成两种不同的事物；胜论派也将我和极微分开；然而，吠檀多派认为，大我和世界其实并没有区别。所以人们还将吠檀多派称为“无二教”。该派主张非常简单，可以概括为《歌者奥义书》中的一句话。这句话就是：

唯一无二。

还可以概括为《歌者奥义书》中的下面一小节话：

梵就是真知，世界就是幻象；我只能是梵，绝不是其他。

吠檀多派的金言是：彼即汝。意思是梵就是无上精神和个人精神的统一，不能将它们区分开。无边的宇宙精神就是我们的个人精神。将它们当作不同的事物看待，其实是因为人被无明所笼罩，无法看清真相。人被无明所迷惑，才会产生将世界和个人当作两种不同事物来看待的困惑，执着于现世，萌生各种欲望，犯下各种恶业。围绕世界和人心，产生实有的疑惑，这其实只是一场梦罢了。人在觉醒后就会获得真知，而无明在真知面前就会立刻烟消云散。之后人就会意识到我就是梵。这就是吠檀多派的精髓所在。“唯一无二”的真言和“只有梵才是真知”的信条很自然地就被归结为世界迷妄论。最后必然得出“世间的一切都只是我们的一场迷梦”这样的结论。

四、无　明

我们是怎么妄想出了这个眼前的世界，以及纯洁的精神又是怎么创造出了这样一个不净的世界，要回答这两个难题，就必须要有无明的设定。吠檀多派是这样说明的，为了自娱自乐，无上精神产生了创造各种各样幻象的欲望，通过将我和我身陷于黑暗中，创造出世间万象[①]。外界也好，个人精神也好，自在天也好，其实都是借由妄或者无明之力才产生的。所以，我们误认为世

① 世间万象其实也只不过是无上精神的一部分而已。——原注

界是真实的存在，也是因为无明之力在作怪，就好像黑夜中误将草绳看作蛇一样。在领悟到真谛的瞬间，人就会从无明的笼罩中解脱出来，所有的妄想都将烟消云散，人就会意识到个人精神和无上精神其实是同一个东西。莫尼尔·威廉姆斯[①]曾认为，吠檀多的思想不一定会引起世界迷妄论。当时世界之所以盛行迷妄论，与其说是受了吠檀多派的影响，不如说是受了佛教的影响。吠檀多派就算建立了“只有梵才是真实存在”的观点，就算认为神和人都是借助于无明之力才得以产生，但在经验层面上允许世界、神和精神的存在，实际上就是承认了它们的存在。莫尼尔·威廉姆斯的观点可圈可点。

五、证明法

数论学派定义了现量、比量和圣言量。正理派又在此基础上增加了比喻量，这在之前的相关章节中已经做过说明。吠檀多派又在四量的基础上，增加了另外两种，最终数量达到六种。增加的两种量分别是无体量和义准量。所谓无体量，是指看不见却能够察觉到的能力。譬如进入房间，看到主人不在，就能够知道主人现在身在何处。所谓义准量，是指有了参考的标准就能够做出推测，譬如知道了法的无我，就能够推测出法的无常。

第 7 节　哲学是宗教的一门学科

以上对六派的纲领做了一番说明。用一句话来概括就是，数论学派定义了原初物质，由该原初物质演变出了整个世界；瑜伽派认为在物我之外还有神的存在，世界处于神的庇佑之下；正理派阐述了获得真理的方法；胜论派认为变化无常的世界是由永恒不变的极微组成的；弥曼差派对祭祀仪式进行了论理式的研究，并倡导世人要举行祭祀仪式；吠檀多派则提出了世界只是梵的一种表现形式，梵和我在本质上是统一的看法。六派的观点虽然各有不同，但都以超脱生死获得解脱为目的，期望通过涅槃获得最后的安乐。之所以称这些学派为哲学学派，是因为在印度，这些学派研究的内容都只不过是宗教

① 莫尼尔·威廉姆斯（Monier Williams，1819—1899），英国印度学家。——译者注

的一门学科。简单来说，这个时代的不同学派都是为了通过哲学的方式，对解脱和涅槃进行各式各样的研究才组织起来的。尽管这些研究的内容和宗教没有多大关系，但对宗教来说，这些教派的出现规范了这个时代人们的行为，也给后世提供了明确的行为指南。

此外，上述六派的成立时间并非都早于佛教。数论学派和正理派的成立时间要早于佛教。而弥曼差派则非常明确是在佛教出现后才成立的。瑜伽派和胜论派的成立时间虽然还不明了，但大概也是在佛教出现前后成立的。至少现存的大部分经典都认为它们是在佛教出现后才成立的。六派出现的先后顺序到底是早于佛教，还是晚于佛教，是一个非常难解决的问题。本文只是为了论述的方便，才将这六派放在同一个章节里。

第 24 章 六派以外的教派学派

第 1 节 六十二见

毫无疑问，这个时代有相当多的教派兴起，可谓百家争鸣。但留有文献可供参考的除了上述的六派，就只剩下佛教和耆那教了。六派的经典受到了研究印度文化的学者们的推崇。他们从各个层面对这些经典进行了研究，还给它们取了六派哲学的名字。然而当时的教派并不仅限于此。如前所述，在佛教的圣典中还记载有九十五六种外道的名字，以及六十二见。关于九十五六种外道，因为没有任何文献可供参考，所以根本无从考证。至于六十二见，幸好《梵动经》[①] 中对其大纲进行了记载，还有参考的依据。《梵动经》是《长阿含经》中的一部，保存在南北两传 [②] 中。李斯·戴维斯将南方所传中“佛陀之对话”翻译成日文。其中的“Brahma-jala Suttanta”就是指《梵动经》。对照南北两传中的《梵动经》，两者的内容几乎一致。除了《梵动经》，再没有其他可供参考的文献。因此《梵动经》具有非常高的学术价值。下文就将该书中的主要部分做了摘录。

所谓六十二见，是由描述“跟过去有关的我”的十八见，和“跟未来有关的我”的四十四见组成。跟“过去的我”有关的十八见如下所示：

一、遍常见论——一共有四种。通过从过去开始众生的数目不增也不减

① 别译名《梵网六十二见经》。——原注

② 指南传佛教和北传佛教的经书。——译者注

来看，可以认为我是永恒不变的，世界也是永恒不变的。跟过去的年月有关一共有四种类型。

二、分常见论——有四种。梵天界是永恒不变的，由梵天创造的我是变化无常的，来自梵天，且存在于这个世界的原因一共有四种。

三、有限无限论——分为四种类型。我和这个世界既是有限的，又是无限的。上方是有限的，四方是无限的。既不存在于无限之中，也不存在于有限之中。这就是有限无限论。

四、诡辩论——有四种类型。善恶终有报，是对的还是错的？其他世界存在还是不存在？什么是善什么是恶？因为畏惧他人的非难，所以在回答上述问题时，给出模棱两可的答案。

五、无因论——一共有两种。讲的都是我和世界本来不存在，都是在一瞬间就出现的理论。关于该理论的思想一共有两种。

跟“未来的我”有关的四十四见是指：

六、有识论——一共有十六种。我的未来是有形有识，也是无形有识的。是有限有识的，也是无限有识的。是有乐有识的，也是有苦有识的。是一识的，也是无量识的。

七、无识论——一共有八种类型。有形无识、无形无识、有限无识、无限无识等。

八、非有识非无识论——有八种类型。未来的我，既是有形的、又是无形的，既是有限的、又是无限的，还是非有识非无识的。

九、断见论——一共有七种。是指我的身体将在这个世界，或者欲界天，或者色界，或者无色界中断灭的理论。

十、现法涅槃论——一共有五种。是指有时候通过放任现世的五欲，有时候通过停留在初禅，有时候通过停留在二禅、三禅和四禅来获得涅槃的理论。

值得注意的是，在这六十二见中，诡辩论、无因论、断见论和现法涅槃论这一类的观点和接下来要讲述的六种外道的某些观点是一致的。

第 2 节 六师外道

佛陀的时代还存在六师外道。有人曾在王舍城附近招收徒弟，并在阿阇世王的宫廷中宣讲六师外道的教义。《长阿含经》中的《沙门果经》[1]记载有阿阇世王和六师间的问答。大王的问题是修道的果报是什么。在这六师中，有文献资料记录的只有第六位尼干陀若提子，其他五位的资料都没有流传至今。因为只有《沙门果经》中记载有六师外道的内容，所以对于印度研究者来说，该经书具有非常高的学术价值。和六十二见一样，李斯·戴维斯将南方所传中"佛陀之对话"翻译成日文。其中的"Samanna-phala Suttanta"是指《沙门果经》。对照南北两传中的该经文，二者也几乎是一致的。

一、往世书迦叶。他的理论是：诸如杀生、偷盗、淫邪、妄语等都不是恶，因此没有罪报。另外，举行大会，救济众生也不会得到任何福报。即破坏论。

二、末伽黎拘舍梨。他的理论是：没有施舍，没有给予，没有祭祀之法，没有善恶，没有善报恶报，没有今世，没有来生，没有父母，没有天，没有众生，沙门婆罗门的今生和来世都无法悟道。以上种种皆是虚妄。即怀疑论。

三、阿夷多翅舍钦婆罗。他的理论是：人的生命在终结时，会回归到地、水、火、风这四大基本要素中去，然后再全部消亡回归到各种根和空之中。不管是愚的，还是智的，都一样归于灭亡。即断见论。

四、波浮陀迦旃延。他的理论是：没有力，没有修行，没有方便。人不因为因缘而染着，也不因为因缘而清净。一切众生都不具有获得自在的力量。即自然无因论。

五、散惹耶毗罗梨子。他的理论是：沙门的果报既是有，又是无。既是有无，又是非有非无。即诡辩论。

六、尼干陀若提子。他的理论是：我就是一切智慧的化身，没有我不知道的事情。行住坐卧都能有所领悟，智慧总是出现在我面前。《沙门果经》中并没有对他的理论进行详细的记载，这点实属遗憾。

将上述六种理论和之前的六十二见进行一番比较，再将这些理论同接下

---

① 别译名《寂志果经》。——原注

来要阐述的顺世外道以及耆那教进行对比的话，就会有一个大发现。顺世外道其实就是继承了上述的破坏论、怀疑论、断见论后产生的教派。耆那教其实只是对尼干陀若提子的祖述。所以，在这六师的教派中，后人知道的只有尼干陀若提子这派。其他各派都没有流传到后世。只有《沙门果经》对其他各派的概况做了说明。

第 3 节　顺世外道

斫婆迦提倡的物质论又被称为“顺世”，是外道中最邪恶的学说。摩达婆的《诸见集》中列举了十五种学说，其中要数顺世学说和正统思想的差距最大。一些观点认为，用“顺世”来称呼斫婆迦一派后，所有主张物质论的学派就都冠上了“斫婆迦”之名。该派的证明法只承认现量，排斥其他所有量；认为地、火、水、风这四大元素就是真谛，从这四大元素中能产生真知；心灵和身体是同一种物质；世界只是偶然产生的；根本就没有所谓的不可见力。顺世外道综合了上述怀疑论、无因论、断见论和破坏论等观点，是极端主义的典型代表。顺世外道的歌中这样唱道：

> 没有天，没有最终的解脱，没有精神，没有他界，没有仪式，没有业报。
>
> 诸如圣火祭祀、三吠陀、三业自制、忏悔、尘灰等事物的存在都是为了无勇无谋的人类生活的方便。
>
> 如果作为祭品被杀的动物真的能升天，那么你为什么不将自己父亲给杀了？
>
> 如果供品真的能让逝者的亡灵填饱肚子，那么踏上旅途的人为什么还要携带口粮？干脆叫待在家里的朋友通过祭祀的方式将供品烧给自己，不就达到果腹的目的了。
>
> 如果地上的供品真的能供养住在天上的神，那么住在楼上的人为什么就不能通过楼下的人供奉的供品来生活呢？

只要还活着，就要享受这一世的安乐欢喜；用从所有的朋友那里借来的钱财，享受山珍海味。

死了埋入土中，怎样才能再次回到地上呢？如果灵魂真的要前往另外一个世界，为什么不会因为对亲人的牵绊而中途折返回来呢？

花费这么多钱为死者举行祭祀仪式，只不过是被那些邪恶的僧侣骗取了钱财。除此之外别无其他。

三吠陀的作者都是恶汉，都是恶鬼，都是跳梁小丑。

诵读咒文，朗诵经文都是极无意义的事情。

顺世外道的思想虽然非常极端，但在其他国家其实并不少见，只是在印度这个国家显得极其少见罢了。《摩诃婆罗多》中的《和平》一章中有这样一个故事：有一个罗刹叫“斫婆迦”。他伪装成梵僧，诽谤胜利而归、到达象城的坚战王，并且到处散播不信仰的邪说。不久后，他因为散播邪说触犯了真梵，所以被杀。虽然这只是传说，不过其中也许有几分事实也说不定。如果真的是这样，那么不信神的邪说应该在远古时期就存在了。

第 4 节 耆那教

一、创始人

关于耆那教的起源，学者们还没有一个统一的说法。格奥尔格·比勒、赫尔曼·格奥尔格·雅可比和约翰·亨德里克·卡斯帕·克恩等认为耆那教和佛教是在同一个时期成立的。克里斯蒂安·拉森和阿尔布雷希特·弗里德里希·韦伯用了大量的证据证明了耆那教不是一个独立的教派，而是佛教的一个分支。莫尼尔·威廉姆斯也赞同此观点，认为耆那教和顺世外道两者都是从佛教中衍生而来的教派。因此，关于耆那教的起源一共有两种观点。一种认为耆那教和佛教是同时兴起的，另一种则认为耆那教是从佛教中衍生出来的。多数现代的学者都认为，耆那教的创始人是佛教圣典中出现的尼干陀若提子，耆那教是在佛教创立前后出现的。根据该观点，耆那教的创始人本名大雄，自称是住在君陀村的悉达的儿子，属于刹帝利的若提家。他的母亲特里萨是将女儿嫁给了频婆沙罗王的吠舍离王迦多迦的妹妹。大雄最开始被称为“若提子”，冠的是他父亲的姓“迦叶”。大雄在二十八岁的时候进入圣道，十二年后获得了“胜者”和“开道师”的名号，在最后的三十年间将沙门的民众组织起来成立了耆那教。耆那教的“耆那”是“胜者”的意思。耆那教除了将得道者称作“胜者”和“开道师”，还称他们为不生、胜自在、一切智、薄伽梵等。因此，在摩达婆的《诸见集》中，也称耆那教为不生论派。在六师外道的章节中也有提到，耆那教称自己是一切智慧的化身。佛教出现的时候，尼干陀若提子已经将耆那教发展成为了吠舍离城[①]最大的教派。他先于释迦牟尼死在了波婆村。据说在他死后不久，他的弟子就分裂为两派，互相揭短，争论不休。该事在《长阿含经》的《清静经》中有记载。

二、两　派

如前所述，创始人去世后，耆那教派内立刻产生了分歧。参考其他文献资料，可以知道两派完全分裂的时间是在两个世纪后，即月护王统治时期。当时摩揭陀国遭遇大饥馑，僧统婆陀罗率领他的一派去了卡纳塔；其余留在摩揭陀的一派结集了经典。饥馑过去后，归来的卡纳塔派和摩揭陀派在外表问题上产生了意见的分歧。摩揭陀派主张穿白衣，而卡纳塔派则主张裸体。这就是白衣派和裸体派[②]两大派的由来。

三、圣　典

白衣派和裸体派拥有共同的经典。这部经典由五十卷组成。在编纂时分为两种版本：

第一种《劫经》五卷，《阿含》四十五卷；

第二种《大分》十一卷，《小分》十二卷，《根本经》四卷，《劫经》五卷，《磔陀》六卷，《波耶那》十卷，《难提经》和《因问经》。

---

① 古代印度十六大国跋阇国的首都。——译者注

② 也称天衣派，或空衣派。——译者注

这些经文都是用一半梵文和一半俗语写成的。有观点认为尼干陀若提子确实生活在佛陀时代，但耆那教经典的结集是在月护王时期才进行的，该观点是不值得相信的。耆那教后来逐渐吸收了佛教的教理，到了 5 世纪才完成了对经典的编纂。所以从经文的角度来看的话，耆那教的经文和佛教的相似度非常高，几乎让人产生了耆那教是佛教的一个分支的误解。因为后来耆那教的经典在很大程度上受了佛教的影响，所以利用现有的资料根本无法了解耆那教最初的教理。这也是关于耆那教的起源问题还没有一个统一说法的原因。

四、教　理

在否认吠陀的权威性这点上，耆那教的教理和六派不同，和佛教相同。无论如何，六派在表面上都是承认吠陀的权威性的。在无神论这点上，耆那教和佛教一样，绝不承认造物主的存在，但不反对教众对教主的膜拜，以及将婆罗门的诸神当成神来崇拜。但从哲学角度来看的话，耆那教和佛教就有很大的不同。虽然佛教和婆罗门教没有任何联系，但耆那教建立了和数论学派极其相似的二元理论，并且认为苦行是非常重要的。在这些方面可以说耆那教和婆罗门教是有些许联系的。二元理论是指永恒的物质和永恒的精神是两两相对的东西，物质也有属于自己的精神。所以，耆那教认为，涅槃并不是超脱了生死，只是脱离了现在这副身体罢了。耆那教的存在就像是起到了沟通婆罗门教和佛教的桥梁般的作用。

五、三　宝

要得到解脱进入极乐世界，必须具备三宝，即正智、正信和正行。所谓正智，是指要弄清精神和非精神间的关系。世界是由精神和非精神组成的——非精神和精神一样都是永恒不灭的，必须要弄清楚它们间的关系。所谓正信，是指要完全相信教祖，并对圣典里写的每一句话深信不疑。所谓正行，一共分为五种，即不杀生、不偷盗、不妄语、三业清净和少欲知足。这五种其实就是五戒，效仿了佛教的五戒，也是从佛教出现前法律上规定的五种重罪改造得来的。

六、五　戒

如前所述，虽然各家的说法还有不一致的地方，但普遍都认为五戒是：

（一）我是小的，我又是大的；我是动的，我又是不动的。我要避免杀生。不仅自己不能杀生，也不能让其他人杀生，绝对不赞同杀戮。只要我还活着，我的身体，我的嘴巴，我的思想都不能犯杀生之罪。

（二）我要避免因为愤恨、贪念、恐惧和欢乐而撒谎，我要言行一致，等等。

（三）不管在乡村、城市，还是在森林，我都是大的，又都是小的；我既是有生命的，又是没有生命的。不属于自己的东西绝对不拿。不仅我自己不拿，我还要让其他人也不拿，等等。

（四）不管是对神，还是对人，乃至对野兽，我都要避免一切的淫欲。我要远离欲望，等等。

（五）我是小的，我又是大的；我是多的，我也是少的；我是有生命的，我也是无生命的。我要远离执念。不仅是我自己，我还要让其他人也这么做，等等。

苦行——耆那教也崇尚苦行。该教派崇尚苦行的程度比佛教更甚，和婆罗门教类似。佛教采用的是中庸之道，以不苦不乐为正道。耆那教则认为禁欲是非常重要的，达到解脱的必要条件就是要进行长达十二年的苦行。

七、二十四圣

耆那教将时间分为上升时和下降时。上升时和下降时又各自往下再细分为六种。上升时分为恶之恶、恶、恶之善、善之恶、善和善之善。倒过来就是下降时的六种类型。现在是下降时的恶时，这样上下六种都绕一圈的话，就是一世。此外，过去的上升时里会有二十四圣出现，下降时里也会有二十四圣出现，未来也会有二十四圣出现。

第25章 佛 教

第1节 佛陀成名的年代

公元前6世纪后期，德高望重的圣人释迦牟尼出现了。他的出现迎来了印度宗教界的大改革。在此之前，因为继承了奥义书的精神，印度自由研讨之风盛行，甚至还出现了女性论理家。当时出现了很多通过辩论在世上横行的人。他们这样互相辩论的结果使各自的辩论都沦为诡辩。随即人们对诡辩产生怀疑，最后社会还沦落到了出现“破坏论者”的地步。佛陀成名的时间是在这一思潮后。

当时思想界的一小部分人组成了研究深奥哲理的组织，并完成了对印度哲学根本原理的研究。但大多数的婆罗门依然拘泥于形式主义。民众也都对通过僧侣们进行的诵经仪式能够获得功德这件事深信不疑。社会的上上下下都依然墨守旧习。人们逐渐失去了精神的寄托。所以，人们最终厌倦了形式主义。憧憬有生机的宗教的念头逐渐在每一个人的心里生根发芽。佛陀成名的时期，正当万能的形式主义开始衰败的时代。

再加上过分墨守旧习的结果导致僧侣们变得飞扬跋扈，乱用特权的弊端已经暴露无遗，不健全的种姓制度亵渎了高尚的道德法则。婆罗门的特权越来越多，对首陀罗的压制则变得越来越残忍。这样发展的结果，反而对婆罗门没有任何好处。婆罗门逐渐变成了不学无术、贪得无厌的代名词。经典文学中也用了非常极端的字眼来指责婆罗门特权的滥用。与此相反，虽然首陀罗服从于雅利安人的文明宗教，但就连听僧侣念经的资格都没有，在社会上毫无地位可言。当时的首陀罗在文明开化方面取得了很大的进步，对社会生产力的发展也作出了贡献，成了组成社会的一个必不可少的部族。但在宗教方面，社会方面，法律方面，首陀罗依然和从前一样，忍受着残忍制度的压迫。终于，首陀罗姓的人们再也无法忍受这样不公平的对待，迫切希望能够改变自己的悲惨处境。佛陀就成名于这样一个不健全的社会中。

这种不平等的社会制度的存在深深触动了充满同情心和慈悲心的大圣人释迦牟尼。他博览了当时的所有教派学派经典，不禁自问，这一切真的就是所谓的宗教吗？他的正义精神不允许人与人之间有像现在这样各种不平等的存在；他深厚的同情心让他忍不住要去拯救那些处于社会底层的被压迫的民族。在释迦牟尼的眼中，劳民伤财的祭祀仪式和自我折磨的苦行毫无意义，净行才是人生的顶峰。通过净行能看到这里有天国的存在。他以预言家的姿态向世人宣告“自净其意，是诸佛教”，告诉世人无论是婆罗门还是首陀罗都可以平等地通过自净来获得解脱。佛教打开大门，平等地欢迎世间众生。佛教宣扬的慈悲之心和当时世人的期望一拍即合，世人纷纷投入佛教门下。佛教特别受到了吠舍和首陀罗的欢迎。再加上皈依佛教的刹帝利的拥护，佛教如虎添翼。不出几个世纪，佛教就成了世界最大的宗教。

但释迦牟尼并没有打算创立新的教派。他曾宣告天下，自己的目的是为了净化往昔在沙门和婆罗门中盛行的、近来几近腐败的教义，使其恢复到腐败前的状态。参照该宗旨，当时的人们开始放弃遵从吠陀的教义，而是通过选择出家入定来寻求新的道路。法典中记载的比丘就是一般人所指的沙门。释迦牟尼在当时的沙门各派中成立了一个新的派别。为了区别于其他派别，特取名为释子沙门。毗提诃王遮那竭和王朝的大学者耶若婆佉仙人曾经向世人宣讲了比丘乞食的方法和诸行无常的教义，因此他们被认为是佛教的先驱。这点是值得注意的。据说《广林奥义书》中记载的内容和佛教是完全一致的。因为毗提诃王和拥有阿阇世之名的国王是同一个时代的人，所以阿尔布雷希特·弗里德里希·韦伯认为阿阇世王和佛陀也是同一个时代的人。麦克斯·穆勒则对该观点持怀疑态度。本书的作者也认为他们是不同时代的人物。在描述上个时代的章节中笔者已经对阿阇世王做了详细的说明。

如果释迦牟尼宣扬的教义和之前的其他教义没有任何区别，那么佛教又是怎样成为一大宗教的呢？答案是显而易见的：对形式主义感到厌倦，对各种祭祀仪式感到厌烦，对探讨研究感到厌弃，对各种违背真理的理论感到厌恶。在作为世界极少数宗教国家之一的印度，出现了转轮圣王[①]和大圣沙门[②]，仰望天际的时候，在太阳王朝的尊贵姓氏释迦姓中出现了伟大的佛陀。佛教将那种神圣的生活，包容世界的同情心，超越了其他一切的道德，尽善尽美的性格作为自己的教义，让佛教充满了生气，并释放出了璀璨的光芒。正所谓法因人而尊贵。就这样，佛教吸收了周围很多虔诚的信徒。上至全能的天子，下至贫苦的百姓，都渴望皈依佛教。不同教派、不同种姓的人在慈悲的佛教中，团结一心融为一体，为佛教成为一大宗教奠定了坚实的基础。

第 2 节 佛陀略传

一、佛陀出生的国家

如前所述，佛陀作为释迦族的一员，出生在迦毗罗卫城。和迦毗罗卫城相对的，还有拘利城，城中住着的拘利族也属于释迦族。

当时统治迦毗罗卫城的是净饭王[③]，而统治拘利城的是善觉长者[④]。这两个部族的祖先一开始是平等的。他们结为联盟。彼此间是唇齿相依的关系。他们是在摩揭陀、憍萨罗国、毗提诃等各个列强国家中，因为权力的均分而独立出来的国家。下面就按顺序对各个列强国家做一番概述。

摩揭陀国的国王是频婆沙罗，他统治着王舍城。摩揭陀是当时南方的强国。在王舍城的东面，有鸯伽国，国王名字不详，统治着瞻波国。这两个国家当时结成了同盟，共同对抗敌人离车族。此外，摩揭陀族还和北方的强国憍萨罗国族处于对峙关系。

憍萨罗国的国王是波斯匿王，他统治着舍卫城。迦尸作为憍萨罗国族的

① 即转轮王。——译者注

② 即佛教。——译者注

③ 释迦国的君王，释迦牟尼的亲生父亲，迦毗罗卫城的城主。——译者注

④ 拘利城的城主。——译者注

属地，也在这位国王的统治下。憍萨罗国族作为北方最大的国家，霸权不断扩张。憍萨罗国的都城一开始是在阿约提亚地区，后来新的都城迁移到了更北的地方。波斯匿王是一位非常有能力的国王。他统治的领土是最广阔的，几乎包围了整个释迦族。换句话说，释迦族是憍萨罗国内的一大豪族。释迦姓作为最尊贵的姓氏受到世人的敬仰。

二、血　统

释迦族是甘蔗王的后裔，属于太阳王朝，作为名门望族受到世人的敬仰。关于释迦族的系谱，众说纷纭，没有一致的看法。我们能对该系谱有一个大概的了解就足够了。释迦族的系谱如右图，图中以《本行集经》为主要参考依据，不足之处参考了戴维斯的意见。

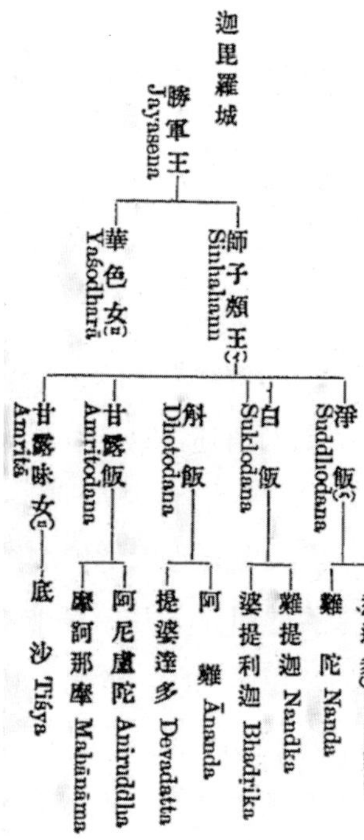

正如图中所示，真金女嫁给了师子类；华色女甲嫁给了无能王；华色女甲生的两个女儿意和爱道又嫁给了净饭王；甘露女嫁给了善觉长者；然后华色女乙又嫁给了悉达多太子[①]。这里的悉达多就是佛陀幼时的名字。

有两个叫“提婆”的，一个是佛陀的弟子，后来出现了另一个反对佛陀的提婆。二人混在一起，无法分清了。南方所传佛教认为这里的提婆是指拘利城里的提婆，北方所传佛教则认为这里的提婆应该是斛饭王所生。一般认为后者是正确的。

迦毘羅城
勝軍王 Jayasena
師子頰王 Sinhahanu
華色女 Yaśodharā
淨飯 Suddhodana
白飯 Suklodana
斛飯 Dhotodana
甘露飯 Amritodana
甘露味女 Amritā
悉達多 Siddhārta
難陀 Nanda
難提迦 Nandka
婆提利迦 Bhadrika
阿難 Ānanda
提婆達多 Devadatta
阿尼盧陀 Aniruddha
摩訶那摩 Mahānāma
底沙 Tiśya

一些观点认为意和爱道是善觉长者的女儿。此外，《本行集经》认为嫁给悉达多太子的华色女乙是大臣诃那摩所生。其他不同观点不再赘述。

关于悉达多，他的名字“释迦”是族名，“乔达摩”是他的族姓。所以佛陀有各种各样的叫法。有时称其为“释迦牟尼”，有时称其为“乔达摩”，

① 即悉达多，亦称释迦牟尼、佛陀。——译者注

有时则称其为“佛陀”。悉达多是在父王老了后生的，他的母后是摩耶夫人。根据当时的习俗，摩耶夫人打算回到故乡闭门静养，在去拘利城的途中，在蓝毗尼园生下了悉达多。之后悉达多就被送回了父王居住的城里。关于佛陀出生的年代没有一个统一的说法。不过一般认为他成名的年代是在公元前 6 世纪后半叶。悉达多出生七日后，他的生母就去世了。他是由姨母爱道夫人抚养长大的。

三、出 家

关于悉达多小时候的事，南方所传佛教中没有半点记载。根据《本行集经》的记载，据说悉达多在八岁的时候，因为看到动物间的弱肉强食而感到悲伤，看到农民弯腰在田里劳作而感到感伤，于是在阎浮树下陷入沉思。十二岁时，悉达多跟从文武双全的师父学习。他的天赋异禀令师父惊叹。有一件事值得一提，即悉达多在十八岁时就结婚了。一次在同族人的注目下，他展现了他的武艺，令同族人惊叹不已。悉达多在众人面前展示超凡武艺的时间到底是在婚前还是在婚后，南北两传佛教看法不一。北方所传佛教认为是在婚前“选婿”的时候。当时的王士非常重视锻炼武艺，特别是释迦族。释迦族的射箭技术可以说是天下无敌。悉达多在婚后十年离开了王城，决定修行求道。在修行期间，悉达多思考了关于人世的问题。毫无疑问，地位、财宝、欢乐等都无法慰藉心情沉痛的悉达多。《四门出游》就是描写佛陀出游时遇到了老者、病者、死者和圣人，在观察了人生百态后深感世事无常的故事。一次适逢悉达多生日，场内欢声四起，歌舞升平。悉达多说：“这又是加在我身上的一道新的束缚。”于是当夜就毅然离开了王城。佛陀这一逾城的行为得到后来求道者的争相效仿。

四、成 道

遣返了父王派来的使者，悉达多一个人走上了求道之路，消失在了东南方向。因为王舍城被五座山包围，所以别名“五山城”。在这五座山的山洞中有很多仙人。他们在洞穴中苦心修行，同时教育自己的弟子。其中最有名的要属阿罗罗和郁陀罗。悉达多拜访了他们，并向他们讨教了深奥的问题，但他们的回答没有让悉达多满意。于是，悉达多离去，独自坐在苦行林中，由父王派来的五位比丘相伴。这五个人应该就是之前被遣返回迦毗罗卫城和拘利城的那五个人。悉达多尝试了当时的修行者采用的唯一方法——苦行，结果仍然无法获得内心的平静。于是他不再听从五比丘的苦苦劝告，离开了他们，独自来到了尼连禅河边，在菩提树下，完成了降魔之功。悉达多最终斩断了一切烦恼，领悟到了要让自己和别人都能得到解脱，关键在于净行和有一颗慈悲心。通过中道这一方法一定能够获得涅槃。要获得涅槃就要用慈悲心普度众生。此刻悉达多真正成为了佛陀。佛陀就是领悟到真理的人。

五、说　法

佛陀向五比丘说明了何为中道，解释了何为四谛之理。后来，五比丘都皈依了佛教。加上佛陀，后世称他们六人为“六比丘”。波罗奈国善觉长者之子耶舍最开始是改革宗教的人，这时也和父母妻子等一起皈依了佛教。佛教最初的皈依者是吠舍。值得注意的是皈依者中也有女性。之后的五个月，就有了六十个皈依佛教的人。然后这些人就被派到四方，从事弘法的工作。佛教从一开始就从事弘法这件事也是值得注意的。佛陀一个人回到了苦行林，度化了三迦叶，然后带着他回到了王舍城，在频婆沙罗王面前说法，得到了国王的布施，建立了竹林精舍——后来成了佛教有名的道场。城内上下民众争相皈依佛教。佛陀有了舍利弗、目犍连和摩诃迦叶这三大弟子。佛陀的事迹传到了他父王耳中。父王祈求能见佛陀一面。佛陀答应了他的请求，回到了故城，度化了弟弟难陀和他自己的儿子罗睺罗。在回王舍城的途中，王族阿尼卢陀、阿难、提婆达多、跋提、跋谷、金毗罗和优波离七人追了上来，全部皈依了佛教。前面六个人都是刹帝利出身，最后一个优波离是他们手下的首陀罗的理发师。这位首陀罗出身的优波离也同样出家得到了度化，后来还获得了“持戒第一人”的称号，在结集经律的时候，起到了非常重要的作用。这也是值得注意的一件事，这个例子是佛陀平等主义的最好体现。

后来佛陀到憍萨罗国传道，得到须达长者的布施，建立了祇园精舍。祇园精舍是非常有名的寺院，也是佛陀说法时间最长的道场。波斯匿王和他的王妃也都成了佛教的虔诚信徒。佛教成立的第五年，佛陀的父亲就驾崩了。处理完丧礼后，佛陀的姨母爱道和王妃华色都祈求出家，但遭到佛陀的拒绝。爱道一路追到了毗舍离，恳切希望能够皈依佛教。阿难也帮忙一起求情。佛陀最终答应了，爱道成了第一位僧尼。

以上就是佛教成立后短短四五年内发生的事。在这短短的时间里，佛教的基础得到了建立和巩固。通过这些事，可以看出佛教在当时有多受欢迎。

之后的十五年，即佛教建立二十年，该期间的史料虽然不是很完整，但根据南方所传的记载，可以对这段历史有一个大致的了解。再往后二十五年间的说法，因为南方所传没有任何相关记载，所以必须参考北方所传。但北方所传中的文字倾向于使用过多的修饰和渲染，要想从中甄别出史实并不是一件容易的事。尽管如此，通过这些资料还是可以看出，佛教在这三十多年间并没有发生太大的变化。在这一和平的时期，佛教的弘法区域逐渐得到了扩大。简单来说，就是以王舍城和舍卫城为中心，弘法的区域扩大到了毗舍离、迦毗罗卫和憍赏弥。这些国家的弘法一直在反复进行。其中弘法最频繁的区域是王舍城和舍卫城，接下来就是毗舍离国的广严城。当时，王族的保护和吠舍的皈依使佛教的势力得到了不断的扩张。在佛陀八十高龄即将圆寂时，佛教的发展已经如日中天。不管是沙门婆罗门，还是天、梵和魔，世上已经没有任何东西能够阻挡佛教的发展。

作为佛陀晚年的大事件，值得一提的是，提婆达多的分离、王舍城和舍卫城的悲剧以及迦毗罗城的颠覆。提婆达多在阿阇世太子的保护下成立了提婆教。提婆教一时发展迅速，可惜没过多久提婆达多就失了势，不过提婆教倒是延续了有千年之久。王舍城的悲剧是提婆达多自成一派导致的。阿阇世听信了提婆达多的谗言，将父王频婆沙罗软禁起来，自己篡位为王。舍卫城的悲剧是指毗卢离太子将自己的父王波斯匿驱逐出境自立为王。毗卢离太子自立为王后，迦毗罗城就覆亡了。这应该算是宿怨的果报。关于这些悲惨事件，特别值得注意的是在佛陀的寺庙中，从事经典编纂的韦提希、胜鬘两夫人和耆婆、雨行两大臣的添油加醋，为这些事件增添了更加深远的宗教意义。

罗睺罗

阿阇世太子

六、圆　寂

从王舍城前往拘尸城的途中，佛陀生了病。途经波婆村时，打铁工匠纯陀请求佛陀帮人度化。佛陀绝不会拒绝贫苦人家要进行度化的请求，所以勉强答应了。佛陀忍着腹痛，度化了一个叫“弗迦婆”的野蛮人。到了拘尸城，佛陀即使知道了自己的大限之日将近，仍然秉持着一颗到死都要拯救世人的慈悲心，解释了其实纯陀并没有过错，还预言纯陀后半生应该能够享受荣华富贵。圆寂那天夜里，来了位名叫“须跋陀”的人，想要向佛陀讨教一些难解的问题。阿难为了让佛陀最后的时间不被人打扰，就拒绝了他的请求。但佛陀无意中听到了他们的对话，于是接见了须跋陀，为他解开了长久未解的难题。须跋陀成了佛陀最后一位弟子。那天夜里，圆寂的时间马上就要到了，但佛陀还是一直恳切地说法，直到呼吸停止的最后一刻。尤其是对阿难这样的弟子，佛陀更是对他们寄予了厚望，“世事无常，你们这些比丘应该更加勤勉努力。”这是佛陀留给弟子们最后的训诫。时至公元前 5 世纪前半叶，佛陀享年八十岁。据说末罗族将佛陀的遗骸焚化，恭恭敬敬守护了十七天。之后阿阇世王、离车族、释迦族、拘利族、末罗族等将佛陀的舍利分成了八份，各自带回国，放进专门盖的宝塔里供奉。此外，孔雀族盖了灰塔，图那婆罗门盖了瓶塔。这样加起来，佛陀的遗物一共有十个流传了下来。

七、弟　子

以上对佛陀生平做了简要介绍，相信和佛陀有关的重要事件已经全部概括到了。接下来介绍一下佛陀的弟子们。

刹帝利中，有罗睺罗、阿难、阿尼卢陀、难陀、提婆达多等。前三位后来成为了佛教十大弟子。

婆罗门中，有舍利弗、目犍连、摩诃迦叶、富楼那、迦旃延、须菩提、三迦叶等。除了三迦叶，其余的都名列佛教十大弟子。

吠舍中，有耶舍、牛王等。

首陀罗中，有优波离、须尼提等。优波离也位列佛教十大弟子。

如上所述，佛陀的弟子中包含了所有种姓。种姓在同一个佛法中得到了度化。以上排名是根据年纪的大小，以及是否得道。除了种姓，还有女性教徒，如佛陀的母后和王妃这些僧尼，以及有名的莲华色比丘尼。

以上只是对比丘和比丘尼做了介绍。佛教的皈依者还有摩揭陀国的频婆沙罗和阿阇世王父子、憍萨罗国的波斯匿王，以及以这两位大王为首的释迦族的全部族人，末罗族、离车族和憍赏弥王等。还有像须达和满富这样的长者，像耆婆这样的名医，像毗舍迦这样的女性长者。佛教的教徒几乎遍布所有阶级。从其他方面来看，佛教的教徒中包含了兄弟、父母、亲族、朋友、男女、老少，海纳百川，呈现出众生皆平等的景象。即使只计算大弟子的数目，也多达一千两百五十人。

八、理想的一生

佛陀一生的活动使势力庞大的婆罗门教失去了光彩。世界人口的半数都成了佛教徒。佛教徒崇拜的是天人师；印度教徒崇拜的是毗纽天的垂迹；基督教徒则是为了成为一名圣徒。佛陀的一生是雅利安人理想的具体化，和史诗中讴歌的主人公形象其实是完全一致的。《摩诃婆罗多》里的般度五子出生在太阳王朝君主的家里；《罗摩衍那》的罗摩太子出生在太阳王朝君主的家里；佛陀也一样，继承了纯正太阳王朝君主的血脉。和两大叙事诗的主人公一样，佛陀因为武勇获得了才貌双全的佳人，在享受了天伦之乐后，隐居山野，亲身体会了流离失所的酸甜苦辣，遣返了前来迎接自己回家的使者，一个人勤修苦行，最后获得了大胜利。不同之处仅仅在于般度五子和罗摩是通过武力获得了胜利，而悉达多太子是通过智慧之剑，即能断除烦恼的智慧获得了胜利。所以对雅利安人来说，理想人物的顺序由原来的王子、隐者、英雄演变为现在的王子、隐者、圣人。能够得道成为圣人，是雅利安人引以为傲的再生意义的体现，除此之外别无其他。到这里为止，诗篇的主人公和佛陀的人生发展轨迹是完全一致的。正因为如此，马鸣菩萨的佛传里就曾将佛陀的前半生和罗摩王子的前半生做了一番对比。不过，和婆罗门周游天下寻求自身的解脱相反，悟道之后的佛陀走上了普度众生的道路。佛陀的一生就是为了实现雅利安人的理想，穷其一生度化四个阶级的所有人，在历史上留下了令人难以置信的光辉功绩。再加上后世的夸张渲染，甚至到了让人怀疑是否世上真有佛陀其人的地步。法国的埃米勒·瑟纳尔和荷兰的约翰·亨德里克·卡斯帕·克恩调查大乘佛典后得出的结论是：对历史上佛陀的存在表示怀疑。佛陀的一生只是讴歌雅利安人理想的太阳神话的具体表现，该观点曾在学界风靡一时。后来，德国的奥尔登贝格着眼于南方所传圣典的调查，得出了史料记载中虽有夸大的部分，但佛陀是真实存在的结论。至此，这一问题才宣告得以解决。产生意见分歧的原因在于南北两传圣典对待佛陀的观念的不同。一言以蔽之，南方所传圣典的内容表达的是对悟道前的佛陀的崇仰，而北方所传圣典的内容表达的是对悟道后的佛陀的皈依之心。

第 3 节　佛教的特色

在众多教派互相竞争的过程中，唯独佛教成了世界一大宗教。个中原因是复杂的。佛祖释迦牟尼崇高的人格，以中道获得解脱的方法，以健全的德训来解救怀疑思想的方法，教理的简明适当等等不胜枚举。其中最引人注目的应该是佛教的传道主义和平等主义。这两点和印度教是截然相反的。正是因为这两点，才让佛教感化人心的精神显得尤其伟大，也让佛教从各教派中脱颖而出，成为世界三大宗教之一。笔者毫不犹豫地将这两点作为佛教的两大特色。这两点是佛教自始至终一直坚持的信仰。纵观上下三千年，横跨东西几千里，传道主义和平等主义一直都是佛教不变的特色。

一、传道主义

一说到宗教，人们就会联想到传道。似乎宗教和传道有着密不可分的关系，其实并不尽然。自古以来，有些大宗教是根本不传道的。所以宗教大致可以分为两种类型，即传道教和非传道教。现在，具有悠久历史的大宗教，一般认为主要有以下六个。

（一）犹太教；（二）基督教；（三）伊斯兰教；（四）婆罗门教；（五）波斯教；（六）佛教

以上六个宗教中，佛教、基督教和伊斯兰教是传道教，而婆罗门教、波斯教和犹太教是非传道教。

其中以犹太教最典型。从古代开始，犹太人就将犹太教当作自己民族的特权，是上天给予自己的恩惠，是自己的宝物。只有犹太民族才能独享神的宠爱。犹太教绝不传给亚伯拉罕子孙外的人。

波斯人也对自己的血统和宗教有一种自负心理。他们坚信，最后的胜利存在于真理之中，绝不希望其他部族的人加入属于自己的宗教。此外，他们相信自己心中耀眼的光芒一定能驱散世间的黑暗。

婆罗门教与以上两者极其相似。对不属于自己民族的人，婆罗门教不希望他们获得属于自己特有的宗教的感化。他们排斥其他民族，认为只有自己民族的人民才能享受光明。据说，婆罗门教非常极端，对没有资格听到自己宗教赞歌的人，对待在能够看到自己宗教仪式进行的范围内的人，婆罗门教要对他们施以惩罚。其实，婆罗门教之所以变得如此极端是有原因的。作为婆罗门教圣典的吠陀，它的真知是源自神的呼吸，是神给予古仙人的天启。该真知在婆罗门教中通过永恒不灭的声音代代相传。他们坚信真知一定要从口传给耳，绝对不允许由眼睛传给眼睛。虽然后来该真知也用笔写的方式传给后人，但该方法并不受到他们的推崇。用笔写的经书大部分都被当作不外传的秘密保存至今。婆罗门教将他们特有的真知当作秘密，使该教派很快成为国民教派，而且是非传道教派。

与上述三个教派相比，其他三个教派从创立之时起，情形就大不相同。伊斯兰教总是大呼自己的教派是“以剑开始，以剑维持，也将以剑终结[①]”，所到之处唱起胜利的赞歌。世人早就对伊斯兰教十分熟悉。基督教也是如此。基督教不传道之时，或许就是基督教灭亡之时。佛教也是以其由创教之初就开始传道而闻名于世的。释迦牟尼得到了梵天和帝释天的启示，才踏上了说法的道路。有关该内容就不必多说了。悟道第一年，佛陀就收了很多弟子。佛陀是这样对弟子说的：

① 西方学者奥利佛持此观点。——译者注

你们这些比丘啊，各自游历世间去吧。你们都是贤善之人，应该能很好地领悟佛教的教诫吧。如来的教诫得到完全体现时，万道金光就会出现；如来的教诫被藏匿起来时，光芒就会消失。你们这些比丘啊，各自游历四方去吧。不要两个人一起。我也是一个人踏上度化优楼频螺迦叶[①]之路的。

之所以不要两个人一起上路是因为佛陀希望传道的区域可以更广。用“如来的教诫得到完全体现时，就会出现万道金光”这句话来和婆罗门教将自己的教义当成秘密这点做对比，二者可以说判若云泥。就这样，佛陀的精神在王舍城、舍卫城和毗舍离城等处得到了传播和发展。佛教发展到这个阶段，长老冒着生命危险也要传道便不是什么稀奇事了。这里的长老是指目犍连尊者。为了传道，他险些遭到尼干陀若提子外道的信徒杀害。遗憾的是，该事件还有很多不明了的地方。此外，有明确记载，并深深打动了笔者的是享有后世美誉“说法第一”的富楼那的传教。《杂阿含经》中详细记载了佛陀和富楼那间的对话。

当时，富楼那对佛陀说：“我已经蒙受世尊的教诫。接下来，我决定去西方的输卢那国传道。”

佛陀回答道：“西方的输卢那人凶恶暴躁，喜欢诋毁侮辱人。如果他们诋毁你，那你该怎么做呢？”富楼那说：“世尊啊，就算输卢那国的人诋毁我，我也不会有像你这样的想法。输卢那人是贤善的，是有智慧的。他们虽然诋毁我，但至少还不会拿石头丢我。”佛陀又说：“就算你忍受了他们对你的诋毁，但如果他们真的拿石头丢你，你又该怎么办呢？”富楼那又回答道：“我还是不会有像你这样的想法。输卢那人是贤善的，是有智慧的。他们虽然拿石头丢我，但至少不会用棍棒打我。”

佛陀又问道：“如果他们真的用棍棒打你，那你又该怎么办呢？”富楼那回答道：“我还是不会有像你这样觉得他们有不好的想法。输卢那人是贤

① 佛陀的弟子之一。佛陀游化摩揭陀时，曾借宿于优楼频螺迦叶家中并显示种种神通，迦叶因此成为佛陀弟子。——译者注

善的，是有智慧的。他们虽然用棍棒打我，但至少不会杀了我吧。”佛陀又问道：“那如果他们真的要杀你，你又该如何呢？”富楼那答道：“我还是不会有像你这样的想法。让我死的方法不止一种。他们可以用绳子绑住我，他们可以将我投入深坑。输卢那人是贤善的，是有智慧的。他们应该会用让我最不痛苦的方式，让我脱离现在这副朽败的肉身，使我得以解脱。”

佛陀说：“善哉，富楼那啊。你已经学会忍受耻辱。你现在已经具有可以住在输卢那国的容忍之力。去吧，富楼那啊。度化那些尚未得到度化的人，安慰那些内心尚且不安的人，让得不到涅槃的人都能够顺利涅槃吧。”

此后，“为法不为身”和“不惜性命”成了和佛教求道、传道有关的固定说法。而且该精神早在佛教创立之初就已经在佛教内得到广泛的传播。

佛教对外的传道活动进行得如火如荼，对内也是如此。就连极度保守的婆罗门教，它的新教和旧教间的差异也是很大的，更别说对内对外都十分活跃的佛教了。随着岁月的流逝，改革创新的效果逐步显现，新旧教派间必然存在一定的差别。富永仲基氏[①]说过，“诸教兴起之分，皆本出于相加上。不相加上则道法何张。乃古今道法之自然也”。真的可以说是至理名言。自古以来，大乘小乘间的争论也都是由这个原因造成的。如今，再也没有人固执地反对教派的改革和创新。只是对哪些是原始的学说，哪些是发展后的学说，大家的意见各不相同罢了。

二、平等主义

和印度教相比，佛教是非常宽容的。但也有佛教极力反对的东西，即种姓制度、苦行主义和形式主义。佛陀很敬重沙门，也非常敬重婆罗门。佛陀之所以敬重他们，不是因为他们有种姓制度，而是因为他们的智德。在佛陀眼里，只有智德之分，没有种姓之分。《阿摄恕经》和《一切智经》等经书中记载的内容就是对佛陀该观点的最好体现。优波离尊者在僧侣中德高望重，就是对该观点最好的证明。此外，《长老偈经》中有一则偈颂，记录的是须尼提的自白。他说：

① 富永仲基氏（1715—1746），日本江户时代的思想家，著名的宗教批评家。——译者注

“我是贱种所生。我很贫穷，要替别人工作。我的职业也很卑微，是负责扫落叶的。我被其他人歧视，被其他人冷眼看待；其他人给我的评价都是否定的。我对其他人卑躬屈膝以表尊敬之意。有一天，我跟在几个大弟子后面，碰巧遇到了佛陀。于是，我放下了手里的东西，跪拜在佛陀面前。这时，拥有一颗慈悲之心的佛陀停在了我的面前。我跪在佛陀脚边磕头，祈求佛陀能收自己为弟子。这时，天上天下唯我独尊的大导师佛陀面向我说‘善哉比丘’。这就是我从佛陀那里得到的最初的教诲。”

佛陀就是这样，将贫贱之人也当作朋友来看待。马鸣菩萨在《大庄严论经》中对须尼提出家的情形，以及优婆离得到度化的情形做了详细的记载，充分体现了佛陀的真精神。该事件已经通过《马鸣菩萨论》公之于众，这里不再赘述。

佛陀的平等主义精神在他对待种姓的态度上已经得到充分的体现。此外，还有一点值得特别注意，那就是佛陀采用俗语进行传道说法——这绝对是史无前例的。这也论证了佛陀走的是平民主义路线。五分律第二十五条，十诵律第三十八条，都是最好的例子。两个出家的婆罗门，对比丘们的诵经——不管是发音，还是语法、规则都和自己的语言相去甚远而感到愤怒。有一天，他们告诉了佛陀这件事。他们是这样说的，“比丘们因为血统不同，氏族不同，接受教育的程度不同，在用自己的方言诵读经文时，难免会亵渎佛法。希望以后在诵读经典时，要使用梵语的语音体系”。对此，佛陀回答道：“不要使用外来的文字语音诵读经文。请使用你们各自的方言诵读即可。今后要是有人不用自己的方言而用外来的语言诵读经文，必定重罚。”无需多做议论，无需多做研究，佛教宣扬的福音本就是为了一切众生。佛教是要让一切众生都能平等地获得佛的恩惠。因此佛教的经文必须是简单明了的，重在尽人皆知。如果不这样，佛教的说法就成了少数人能够获得的特别的恩惠，就不能造福世间众生了。佛陀的愿望不止如此。佛陀一生的言行不仅要让佛教成为平民的佛教，还想将佛教的福音平等地传递给上上下下所有人。调查经典的时候就会发现，夜叉、迦楼罗、紧那伽、摩睺罗伽、鸠盘荼这些神话中生物的名字经常出现。在梵书中，这些神话中的生物几乎是看不到的，因为这些生物都是平民社会的人们才会相信的东西。佛教经典中经常出现这些神话中生物的名字也从另外一个方面证明了佛教是为了造福世间众生的，也证明了佛教走的是平民路线。

第 4 节 佛说的概况

一、组 织

佛陀在菩提树下洞察到十二缘起。十二缘起是指无明、行、识、名色、六处、触、受、爱、取、有、生和老死。这些是人心生疑惑的发展顺序。所以，如果能够顺观[①]找到这些疑惑的答案，那么人就会明白生和死的因果关系。如果能够逆观找到产生这些疑惑的原因，那么人就会明白断念入圣的始末。佛陀做到了顺观十二缘起，同时也做到了逆观十二缘起。另外，所谓离欲中道，是指八正道。如果人走了正道，将自己的一生都奉献给净行，那么今生和来世都能获得平安。这就是佛陀穷其一生所宣扬的十二缘起的法门和八正道的行法。这两者概括起来就是四谛之法。所谓四谛，是指苦、集、灭、道。所谓苦，是指生和死的界限，是果；这个果的因是集。说明集和苦之间关系的内容，就是佛家所说的十二缘起的法门。所谓灭，是指涅槃，也就是领悟的境界，也是果；这个果的因是道，即走上中道之路后肯定能到达的地方。所谓道，是指八正道。具体名称后面会提到。综上所述，可以将四谛概括为下：

四谛：

集——十二缘起——苦——迷之因果；

道——八正道——灭——悟之因果。

由此可见，佛教的教义简单明了，就是以通过获得真知领悟迷之因果，再通过克己自制之力达到终极境界为主旨。该教义其实并不简单。通过身体力行完成了四谛的佛陀，其人格是非常伟大的。所以佛陀的每句话都充满了无限的生命力。

此外，在圆寂之日，佛陀对众弟子表达了他对七法的赞叹。七法可以说

---

① 从“无明”追寻到“老死”称为“顺观”；从“老死”追寻到“无明”称为“逆观”。——译者注

是对佛陀一生的说法进行的概括。所谓七法，就是具体的执行方法。可见七法具有很强的执行力。

（一）四念处：身不净观、受是苦观、心无常观、法无我观。

（二）四正勤：断已生恶、远未生恶、增已生善、生未生善。

（三）四如意足：欲、念、精进、思维的如意足。

（四）五根：信、精进、念、定、慧。

（五）五力：信、精进、念、定、慧。

（六）七觉支：择法、精进、喜、舍、除、定、念。

（七）八正道：正见、止思维、正语、正业、正命、正精进、正念、正定。

通过这些具体的执行方法，就能斩断将人束缚在迷境中的各种烦恼，譬如贪、嗔、痴、慢、疑等；就能脱离三界的生死，达到解脱涅槃的彼岸。佛陀的七法，是那些只谈脱离实际的理论的学者、那些只会天马行空的诗人根本无法领悟到的。只有像佛陀这样真实存在的鲜活人物，具有坚强的意志，将自己的一生都投入到七法的亲身实践中，才能够领悟到七法，才能赋予七法以活力，并使其放射出耀眼的光芒。

二、涅槃的意义

作为“寂灭”，或者“灭”的译词的“涅槃”，自古以来被解释为“灰身灭智”。西方人大多认为涅槃就像蜡烛被吹灭一样，一切归于空寂[①]。麦克斯・穆勒曾将涅槃解释为“消除由于迷茫而产生的欲念”，很多学者纷纷表示赞同。其实，根据经典的记载，涅槃有两种类型。第一种叫“有余涅槃”，即现世能达到的境界，也就是佛陀在菩提树下的顿悟。通过不间断地修行，最终达到自由、安乐、真善的境界。第二种叫“无余涅槃”，即离开现世所能够达到的境界，也就是佛陀在沙罗树下所进入的大般涅槃的境界。该境界也被称为“寂灭为乐的境界”，即极乐净土。所以不管是哪一种涅槃，都不是一切归于无。自古以来，涅槃就被称为“灰身灭智，身心都灭”，只是取其“排他自立”的意思。只有在领悟真知后，切实地修行，才能达到涅槃的状态。大概所有的宗派不管其教

① 这也是佛陀极力想要打破的空见。——原注

义的内容有多么不同，最后都渴望这一极致，即享受心中不被任何烦恼束缚，拥有无限的自由和无与伦比的安乐。只是达到该境界的方法各有不同，有些宗派是自力派，有些宗派是他力派；在宣扬教义方面，有些宗派采用的是浅显易懂的方法，有些宗派采用的是口头传授的方法。

再深入一步。除了上述的涅槃，关于是否存在未来世界这一问题，想必也是从古至今被世人讨论最多的问题。佛教弟子中也有很多人对此有各种猜想。佛陀认为该问题根本没有回答的必要。佛陀一直都不讨论这个问题的原因，在《中阿含经》和《杂阿含经》中的几个地方都有提及。蔓童子曾经问了佛陀该问题。佛陀就用“箭喻”的方式进行了说明，最后总结道：“我讲解的内容，你需要知道，我没有讲解的内容，你就不需要知道。”尽管如此，《阿含经》中还是有对这一终极境界进行赞美的语句，即“不受后有”，意为不再流转于生死轮回。《律中经》中也有类似的记载，“如果现世安稳了，那么后世也一定会安稳”。这些语句都表达了佛陀的愿望——希望人们不要谈论超出自己理解范围的未来的事情，而应该在这一世的修行中拼尽全力。大概因为佛陀察觉到了谈论来世会给当时的社会带来种种不好的影响，所以才要极力地破除这个迷信。当时婆罗门的修行只是一味地想通过苦行的方式获得升天的机会，如果不行，就通过膜拜太阳的方式，祈求死后能和日天融为一体。死后升天的迷信思想在当时的宗教界大行其道。人们一边徒然地膜拜日天，一边却让自己身陷五欲的深渊。故意不谈论未来，劝人们在现世净行，正是让人们挣脱这一困境的首要方法。与此相关的最重要的材料要属《三明经》。人们应该将《三明经》和《箭喻经》合起来看。

如果这一世不能达到涅槃的境界，那应该怎么做呢？人们自然会期望自己能在来世获得涅槃。据说，释迦牟尼在这一生之前已经累积了五百生的修行。根据《福田经》[①]的记载，福田有两种类型，即十八学人和九无学人。其中，十八学人中的前十三个人获得了当世的涅槃，其他五人获得了后世的涅槃。所以，一旦进入涅槃，就能立刻终结无限的轮回，脱离三界。这就是所谓的“不受后有”。

① 指《佛说诸德福田经》。——译者注

三、业 说

除了涅槃解脱，还有诸行无常和诸法无我，这三者合称“三法印”，是佛教的旗帜。三法印是佛教的根本原理。无我，实际上否定了印度思想中最重要的“我”的存在，也就是否定了灵魂的存在。但自从有奥义书以来，轮回的思想就深深刻在了印度人的脑海中。轮回思想终究还是无法连根拔除。所以与其破坏轮回思想，不如活用轮回思想。如果能让轮回思想和无我的根本原理不冲突，就再好不过了。天才的佛陀提出了调和这两种思想的方法，即业说。业说也就是业感缘起。佛陀将说明缘起状况的内容称为“十二缘起”。佛陀之前和之后都有人提出业说理论，但都没有充分地活用业说理论。佛陀将印度哲学的核心——轮回思想吸收进来，并通过业感缘起的理论来说明轮回思想，以此建立了伦理思想的基础。所谓业，是指身、口、意这三者所产生的影响。人死后，业不会消亡。有业，必定会招来果，善因得善果，恶因得恶果。该法则非常严格，容不得任何例外。造业者必须自己承担果报。这就是将因果法则应用于精神领域。对现世感到不公也能获得内心的平静就是因为该因果法则在起作用。人之所以能够感受到内心的平静，是因为我们在现世没有造任何的恶业，也没有招来任何的苦报，也就是说，如果自己感受到了前世的恶业带来的果报，就必定会怨天尤人，无法获得内心的平静。这样就在现世死掉的人和后世受苦的人间建立起了某种联系。该联系就是利用循环论法，并以业为中心来联结的。即因为有业，所以才会感受到苦；因为有苦，所以才会有惑；因为有惑，所以才会造业；因为又有了业，所以又会感受到苦。循环往复，永不停息。人死后不会再有感觉，但业并不会就此消除。它还会作用于后世，决定后世的苦与乐。所以这一世的人感受到的苦与乐，是由上一世的自己所造的业决定的；未来的人感受到的悲和喜，则取决于这一世的自己所造的业的状况。像这样，佛教徒不应该有为了得到后世的乐才积累善业的欲望之心，而要表现出无尘无垢的举止行为。应该将佛陀的业说和近代的科学思想融合在一起，也应该将佛陀的业说和学者的精神不灭说整合在一起。

就这样，佛陀将轮回思想吸收进来，并加以改造，使之成为佛教伦理的基础。该改造绝不止于此。根据印度教的原理，轮回的范围适用于世间万物，包括有生命的和无生命的。然而，佛教的轮回对象仅限有生命的。这样限定的原因是：将轮回的对象限定于生物，使该轮回的学说从理论角度来起看更富有生命力。

佛陀还从印度教里吸取了其他方面的内容。对当时的印度民众所崇拜的诸神，佛教并没有将其排斥在外，而是全部吸收进来，并让诸神的存在合乎佛教的教理。佛教虽然吸收了吠陀的三十三天和奥义书的至高神梵天，但认为他们并不是至高无上的存在。这些神和我们一样，处在轮回的无限循环中，以涅槃为目标努力修行。这些神和我们人类的区别仅仅在于这些神比我们人类享有更多的果报。虽然享受果报的程度有差别，但这些神和人类一样，同处于三界之中。对佛教来说，至高无上的东西毫无疑问就是涅槃。像这样将人所能达到的最高境界当作至高无上的东西，使最高境界凌驾在超自然的神体之上，在这个世界上能做出如此大胆论断的宗教除了佛教，别无其他。佛陀使古往今来的思想家和迷信者都感到了困惑，并将所有和灵魂有关的东西排斥在外，用业的理论来解释三世的因果。人们应该不借助神力，通过自己的力量，在现世达到解脱涅槃。这就是佛陀宣扬的理论。

四、德 训

因为佛教是以净行为中心，并以八正道作为行为准则的，所以佛教有很多德训也是理所当然的。虽然戒律都是关于道义的内容，但因为其原本的意图是防非止恶，所以在描述戒律时全部采用消极的语言。最能代表佛教德音圣训的要属《法句经》。这本经书并不特别，只是对经律中分散的偈颂做了集录，并将这些偈颂分成很多不同的类别。说得夸张一点，《法句经》可以说是收录了佛陀一生所有说法的圣典。该经书的日文版已经被翻译出来，并公诸于世了。

下面就选取其中的几个小节作一番介绍：

（一）憎恶无法止于憎恶。只有依靠自己，通过忍，才能消除憎恶。这就是如来之法。

（二）我的身心已经安定，不会怨恨那些会引起怨恨的东西。世间之人多有怨恨，但我要修行到无怨的境界。

（三）要像蜜蜂采花，不损花的色和香，只汲取花中之味之后就离去一样，进入仁者的村落之时也应如此。

（四）不要做观察他人作与不作的事，要经常反省确认自己是正还是不正。

（五）忍辱能够战胜愤怒，善能够战胜不善，胜者要能好施，至诚就能战胜欺骗。

上述语句充满了佛陀仁慈博爱的精神。佛教之所以能在这个世界拥有如此重要的地位和这点有着密不可分的关系。最能体现该精神的要属著名的长寿王的故事。父母被杀，国家也被夺走了的长寿太子长大后，在有机会可以杀死自己的仇人的情况下，选择听从父亲的遗训，放了篡位国王一条生路。国王被长寿太子这一行为感动，让长寿太子重新得到了父母曾经统治过的国家。并且两国还结为盟国，互相永不侵犯。长寿王的故事在南北两传的《律中经》中都有记载。不仅如此，《中阿含经》和《长寿王经》中也有记载。可见人们对长寿王的品行是非常敬重的。

下面再对《法句经》中关于劝人为善的几个小节做一番介绍：

（一）诸恶莫做，众善奉行，自净其意，是诸佛教。

（二）莫轻小恶，以为无殃，水滴虽微，渐盈大器，凡罪充满，从小积成。莫轻小善，以为无福，水滴虽微，渐盈大器，凡福充满，从纤纤积。

（三）如可意华，色好无香，吾语如是，不行无得。如可意华，色美且香，吾语有行，必得其福。

（四）恶行危身，愚以为易，善最安身，愚以为难。

由四百二十二章组成的《法句经》记录的都是我们应该谨记的金句。不管是在哪个时代，哪个国家，没有任何东西能够超越《法句经》中的金句之美。《法句经》中还有下面这样的句子：

（一）花的香味不会逆风传播，德人之香则会传遍天下。

（二）父母健在是一件快乐的事，天下有道也是一件快乐的事。

（三）诬陷他人，并不会对他人造成任何伤害，反倒是自己会受到这一愚蠢行为的影响。就像逆风扬起的灰尘，吹不到别人身上，反而全部吹回自己身上一样。

（四）所谓有道，并不是指拯救一个生命，而是要普济天下苍生，无害于万物。

在该德训的章节里，还有一个必须提及的，那就是戒律。戒以五戒、八戒和十戒为主，还有名为“具足戒”的两百五十戒、四百八十戒等。这些戒律不仅是关于现世的，还有关于要得到解脱必须要用到的工具方面的内容。简而言之，这些戒律虽然不能等同于世间的道义，但遵守这些戒律就能够收摄身口意三业，让自己获得清净。

下面就列举其中最重要的部分：

（一）五戒：针对在家的佛教信徒，即优婆塞[①]提出的戒律。当然，出家的弟子也要严守。这五戒是指不杀生、不偷盗、不淫邪、不妄语和不饮酒。摩奴法典》中的五种重罪就是采用了触犯佛教五戒中的这些罪。

（二）八戒：又称八关斋，或八斋戒。是针对非常虔诚的俗家弟子提出的戒律。在五戒的基础上，又添加了戒非时食、戒着香粉华鬘和戒坐卧高大广床。

（三）十戒：出家的弟子必须遵守的戒律。在八戒的基础上，又添加了戒歌舞观剧和戒受纳金银。

关于戒律就说到这里，下面再对著名的《六方礼经》做一番介绍。《六方礼经》对佛教的俗家弟子必须遵守的本分进行了更加详细的说明。研究《六方礼经》，不仅能对当时的社会状况有一个大概的了解，还能证明其中记载

① 在家信佛并受了三皈依的男子称作“优婆塞”。——译者注

的戒律对任何一个时代都是适用的。这里说的《六方礼经》是向不明所以地膜拜六方的俗家弟子解说膜拜六方的意义的经书。即膜拜东西南北时，要将双亲和孩子、师父和徒弟、夫妇、亲族间应尽的本分全部都念诵一遍；膜拜上下方时，要将檀越、沙门间作为主仆应尽的本分缺一不可地全部想一遍。《六方礼经》在南北两传中都保存了下来，在北传的各阿含经中都能看到。诵读《六方礼经》时，当时纯朴的社会仿佛出现在眼前，我们得以聆听三千年前说教中关于德训的内容。得到这一结果，不禁让人感到意外。因为笔者还有另一本书是专门讲述佛陀圣训内容的，所以这里不再做进一步深入的讲解。

五、三　藏

释迦牟尼圆寂那年，佛教经律有了第一次结集[①]。在诵读了经律长达两百余年后，佛教经律有了第三次结集。这次结集才首次对经律论的三藏进行了整理。三藏又分为南传和北传两种。北传的汉译工作是在东汉时期才开始的，经历了唐宋。汉译的内容不仅包含了南传三藏，还包含了长篇巨作大乘三藏。北传三藏的大部分内容都属于后世的发展的佛教。下面先介绍一下南传三藏的名称。

这些内容是在佛教经律第三次结集后，由阿育王的儿子摩哂陀传到锡兰的。一百五十多年后被人用巴利语手抄记录保存了下来。

经　藏

（一）《长阿含经》，由三十四小经组成。

（二）《中阿含经》，由一百五十二小经组成。

（三）《杂阿含经》。

（四）《增一阿含经》[②]。

（五）《小阿含经》，由十五种组成。北传三藏没有这部分经文，或者说比较新的集录中没有这部分经文。这十五种的名称如下所示：

① 佛教早期没有书面经典，僧众以口头传诵的方式传承佛法。“结集”指僧人们进行集会，将口头传诵的佛法编纂为书面经典的活动。——译者注

② 《杂阿含经》和《增一阿含经》所含小经数量太多，无法统计总数。——原注

第一，《小经》，由短篇组成。

第二，《法句经》，关于德训的集录。

第三，《自说经》，包含无问自说的八十二小经。

第四，《本事经》，由一百一十章组成。

第五，《尼波多经》，由七十个论题组成。

第六，《毗摩那》，与天界有关的内容。

第七，《卑多》，与饿鬼有关的内容。

第八，《长老偈》，收集的关于长老的颂。

第九，《长老尼偈》，收集的关于僧尼的颂。

第十，《本生经》，由五百五十经组成。

第十一，《尼弟娑》，舍利弗解释尼波多经的内容。

第十二，《波致参毗陀》，说明罗汉智慧的内容。

第十三，《譬喻经》，关于诸罗汉的因缘。

第十四，《佛种姓经》，二十四佛以及佛陀的传记。

第十五，《若用藏》，叙述本生中的佛陀的十德成就。

律　藏

（一）《毗崩伽》，《解脱戒本》和其注释的合订本。所谓戒本是指每个月的新月和满月这两天要诵读的经文。如果犯了其中的戒律，就要当众忏悔，才能消除罪孽。

（二）《犍度》，分为大集和小集两种。

（三）《巴利婆罗》，附录，后世简称为“律”，在摩哂陀带回来的经文中已经包含这一部分。

以上三者并没有单独成册，全部包含在律藏中。

论　藏

（一）《法集论》，关于世界的研究。

（二）《分别论》，由十八部组成的论文集。

（三）《论集》，包含一千个论题。

（四）《身性论》，关于人性的研究。

（五）《界论》，关于元素的研究。

（六）《双心论》，关于矛盾或辩论的研究。

（七）《生起论》，关于万物起源的研究。

以上列举了南传三藏所有的经书的名称。北传汉译的三藏，一般被称为“大藏经”，其中包含经书的名称如下：

首先可以将大藏经粗略地分为经藏、律藏、论藏、杂藏和秘密藏。经藏、律藏和论藏又可以各自细分为大小二乘，大乘经一般又可以再细分为《华严》《方等》《般若》《法华》《涅槃》等五部经书。其中也有翻译成巴利语的，但大部分都被翻译成中文。

经　藏

第一，大乘经

（一）《华严部》，二十八部、二百三十三卷。

（二）《方等部》，三百六十三部、一千一百三十三卷。

（三）《般若部》，二十九部、七百四十七卷。

（四）《法华部》，十四部、五十七卷。

（五）《涅槃部》，十六部、一百二十一卷。

第二，小乘经

以长、中、杂、增一这四阿含经为主，加上其他各小经，合计三百二十一部、七百七十八卷。

律　藏

《大乘律》，三十部、四十九卷。

《小乘律》，七十一部、四百九十六卷。

论　藏

《大乘论》，九十二部、四百零二卷。

《释经论》，二十五部、一百八十卷。

《论释》，十一部、七十七卷。

《小乘论》，四十六部、七百二十二卷。

杂　藏

《法句经》《佛所行赞》《那先比丘经》《付法藏传》等：六十二部、一百六十五卷。

秘密藏

各所相传：前后总计五百七十部、九百三十一卷。

以上是以缩印版藏经中收录的内容作为计算的基础。实际数量可能比这里罗列的还要多。需要注意的是这些经书的部数和卷数。上述经书中有很多是重译本。所以在计算数量时，将同一本经书的不同译本当作一部来计算的话，上述经书的数量会大幅度减少。譬如，小乘经一共有三百二十一部，如果扣除四含经中重译本的话，小乘经最终的数量会减少一百五十部左右。

比较南北两传中的三藏会发现，南传经藏中的四阿含与北传三藏中的内容一致。其中小阿含经中的部分内容也存在于北传杂藏中，但其余大部分内容在北传三藏中都没有。南传的律藏和北传的四分、五分两律类似。南传论藏和北传的小乘论中的六足论类似，但还没有人对此做出具体的比较研究。由此可见，南传三藏的内容只是北传大藏中的极少一部分内容。因为两传的圣典具有非常大的差别，所以在研究的过程中就会产生很多问题。另外，在比较两传圣典哪一方占据更重要的地位时，会进一步引起大乘佛说非佛说这样的争议。结果是必须对两传圣典进行重新鉴定，判断到底哪一些经文的内容才是真正出自佛陀之口。尽管如此，只要南北两传中各自存在具有特殊传承的圣典，从事佛教研究时，从南北两传流传路径的不同造成经书数量上的差异这点来考察，还是一个比较容易的切入点。一条路径是从巴利语写的南传圣典翻译过来的，另外一条路径是从汉文写的北传圣典翻译过来的①。在这里还需要特别说明的是南北的意思。南北在这里只是表示地理位置的区别，绝对没有表示大小二乘的意思。以往只要一提到南方佛教，就会立刻和小乘联系在一起；只要一提到北方佛教，就会立刻让人联想到大乘。其实这是一个很大的误解。正如上述所示，北传佛典中也包含几乎所有的小乘佛典的内容，所以“北传佛典就是大乘佛典”的说法是不可取的。只是北传佛典中大部分的内容都是属于后世发展的佛教，南传佛典则相对来说更接近原始佛教而已。

① 通常中文原本都会被保存下来。——原注

在研究上述两种路径流传下来的佛典时，南方佛教方面，西方人凭借不屈不挠的精神，几乎已经将所有的经书都研究遍了；北方佛教方面，因为研究的难度很大，所以大部分内容还没有被人研究。今后的研究重点应该放在对北方佛典的调查研究上。此外，南传佛典在哲理方面极其匮乏，但有非常高的史实研究价值；与此相反，北传佛典极富哲理，却缺乏史实方面的参考价值。所以，对南北两传佛典进行比较研究具有非常高的学术价值。当然这需要包括日本学者在内的全世界学者的共同努力。

在结束这个章节前，还需要对大小两乘的关系做番说明。需要说明的事项有三点。第一，大小两乘记录的都是从佛陀的金口中说出的话。第二，记录佛说内容的先是小乘佛典，几百年后才逐渐分化出了大乘佛典。第三，佛说并没有大小之分，只是经过几个世纪的混沌状况，逐渐产生了大小的区别。第一点是自古流传下来的说法，现在也没有什么可讨论的。第二点和第三点看起来很类似，其实差别很大。问题的关键最终归结于到底是将阿含经当作小乘佛典，还是不应该有大小两乘的区别这一问题上。虽然自古以来人们就非常轻视阿含经，有将阿含经当作是小乘经的习惯，但这样做会产生将哲理和宗教混为一谈的弊端。从宗教的角度来看，大小两乘佛典并没有太大的差异。换言之，不应该用大小两乘来衡量阿含经。总之，在理论方面，大小两乘的区别是其在哲学上的差异造成的；在实践方面，即从宗教的角度来考量的话，大小两乘其实没有多大差别，更不值得人们为此争论不休。

第4篇

黑暗时代来临前的印度文明

第 26 章　第四时代：佛教时代概况

从大约公元前 300 年月护王统一了印度北半部并成为转轮王，到 450 年左右婆罗门教以新的形态复兴，我们暂且将这七百五十年命名为“佛教时代”。该时代是印度佛教的黄金时代。佛教成为世界级宗教的所有基础都是在此期间建立起来的。佛教时代初期，阿育王将佛教奉为国教。阿育王是月护王的孙子，继承了祖先的伟业，除了统治已有的广大版图，还占领了很多新的领地，政绩斐然，留下了很多堪称“圣王”的功绩。在华氏城举行大会时，阿育王结集了三藏，并确立了三藏作为佛教圣典的地位，还将富有慈悲心的法敕刻在石柱或岩石表面昭告天下。通过这些法敕可以看出，阿育王和塞琉古国王安条克二世、托勒密国王托勒密二世、马其顿国王安蒂哥鲁斯·哥纳塔斯、昔兰尼国王马加斯和伊庇鲁斯国王亚历山大等都签订了条约，派遣弘法者前往这些国王统治的国家。这些法敕是确定阿育王生活年代的决定性的资料。一些观点认为，秦始皇时期出现在中国的外邦人室利房就是阿育王派来的弘法者。阿育王时期属于孔雀王朝。该王朝在阿育王驾崩后并没有持续下去。孔雀王朝之后，印度北部经历了巽伽王朝和甘婆王朝的短暂统治。随后，南方出现了百乘王朝。百乘王朝后来征服了北方的摩揭陀，并统一了整个中印。该王朝统治时间持续了四个世纪以上。百乘王朝虽然信奉佛教，但也崇敬婆罗门教。再后来，笈多王朝兴起并统一了北印，一直统治到 450 年左右。高僧法显游历五印的时间其实就在笈多王朝统治时期。笈多王朝虽然信奉婆罗门教，但也保护佛教徒。所以整个佛教时代都是处于佛教和婆罗门教并立的状态中，迫害佛教徒的事几乎未曾发生。

在佛教时代，印度西部边境不断遭到蛮族的蚕食。被塞族驱逐的大夏[①]的希腊人从公元前 2 世纪左右开始，进入印度河流域，并建立了王国。他们将希腊文化输入印度。其中有一位叫“弥兰”的英杰因为曾和那先比丘间有过一次问答而留名于世。其后的一百年间，希腊人遭遇了各种劫难。虽然不知道后来如何，但一些观点认为，希腊人后来到了东印的奥里萨区域。月氏族继续追赶希腊人，希腊人后来进入西印，并在迦尸弥罗建立了国家。其中一位国王叫“迦腻色迦一世”。公元元年，他迅速扩张势力，将版图扩张到了印度东部的古吉拉特和阿格拉，以及北边的喀什噶尔和莎车。迦腻色迦一世是和阿育王齐名的英明帝王。他也信奉佛教，最有名的功绩就是举行了佛教经典的第四次集结。后来，柬埔寨等部族开始侵犯印度边境。随后，匈奴也加入到了侵犯印度边境的行列。匈奴民族是跟着水草迁移的蛮族。5 世纪后半叶，他们侵略的步伐蔓延到西印。在这样的局势下，阿育王之后的朝代在西部边境一直不停地受到外国各族的侵袭，国家陷入了永无宁日的境地。不过，这些入侵部族在进入印度后，都立刻信奉了佛教，成了印度人民的一部分。

通过研究这个时代的教派学派状况发现，一方面，阿育王出现后，佛教突然以势不可挡之势在国内蓬勃发展；另一方面，婆罗门教进入雌伏的状态，仅仅保留其原有势力。作为印度民族教派的婆罗门教不会在一朝一夕衰败下去，这一时期的婆罗门教只是没有太大的举动。再加上佛教也保持着非常温和的态度，所以两教间几乎没有太大的冲突。处于这种状况下的婆罗门教只是继承了以往的文学，而佛教文学则得到了充分的发展。阿育王时期前后，分成了二十个派系的佛教的教徒完成了《六足论》。其后，迦旃延大学者又在西北印度创作了《发智论》，掀起了研究佛教的风潮。接下来，在迦腻色迦一世的保护下，《大毗婆娑论》也横空出世，开启了佛教教理发展的新时期。《大毗婆娑论》的完成可以说是媲美阿育王举行的三藏集结的大功绩。三藏最初是用巴利语写的，现在还保存在南方佛典中，其中的一部分也以汉译本的形式保存下来。但《大毗婆娑论》只有汉译本保存了下来，其原本早已去向不明。这实在叫人惋惜。当时，中印出现了大士马鸣。大士马鸣以天才般

① 大夏是位于中亚的古国，中国汉代张骞出使西域回来后首次提及的西域古国之一。——译者注

的文采在吟诗作赋方面给佛教增添了光彩。据说，他创作的戏曲让整个都城的男男女女都为之疯狂。再往后，南印出现了龙树、提婆两位大士。他们先后提出了空门实相论。这一新的旗帜插遍了整个西北印度——当然除了宣扬有门的教派——使佛教的面目焕然一新。这一时期佛教的文学和理论都得到了迅猛的发展。所谓的大乘经典，其主要内容都是在这一时期完成的。毫无疑问，当时大学者大学问家层出不穷，但他们的名字没有全部流传下来。其中的龙树大士以其过人的才智被后世奉为八宗的祖师，受人敬仰膜拜。之后出现鸠摩罗陀、诃梨跋摩等学者。他们虽然持保守思想，却也深受进步派的影响。就这样，和其他教派学派相比，佛教的发展总能保持领先水平。现在更是如百花齐放的盛春一样蓬勃发展，作为后世瑰宝的佛典的基础都是在这一时期建立起来的。

龙树与阿亚德瓦

佛教传入中国始于 1 世纪，随着年代的推移，发展得越来越兴盛。著名的鸠摩罗什早在 5 世纪就已经将龙树和提婆的教义翻译成中文。根据佛教经典被译出的先后顺序，以及译者出生和游历的国家来推断佛教教义从印度传到中国的具体路径和状况，这是一个很有意思的研究课题。

婆罗门教的文学中最引人注目的是《摩奴法典》。该法典既不属于吠陀时代，也不属于往世书时代，就是在佛教时代完成的。虽然《摩奴法典》的基础是以维护婆罗门地位和权利为主要着眼点的古老的《法经》，但《摩奴法典》声明自己是适用于印度全民族的法典。这也从反面论证了婆罗门万能的时代早已不复存在。《摩奴法典》在礼仪方面奉行古代流传下来的规则。

通过《摩奴法典》还没有谈到像拜[①]，以及还未提“三位一体”的说法来看，这些都是在往世书时代才产生的。也就是说，佛教时代是吠陀时代向往世书时代过渡的中间时代。所以说，《摩奴法典》是佛教时代思想风俗的典型代表。

① 在寺庙里供奉祭拜神像，早期的印度宗教是不祭拜神像的。——译者注

第 27 章　第五时代：婆罗门教复兴时代概况

因为长篇巨作往世书的现存版本是在这个时代完成的，所以就称这个时代为往世书时代。往世书时代始于5世纪的超日王时期，终于马哈茂德[①]的入侵，经历了约五百五十年。

如前所述，印度西部边境一直受到外族的侵犯。诸王朝苦于没有应对之策。就在这时，中印的乌阇衍出现了一位英雄，即超日王。超日王一出兵就赶走了塞族，使印度独立。在他的治理下，印度呈现一片太平盛世景象。因为超日王鼓励重新振兴文学，所以婆罗门教复兴的势头势不可挡。超日王驾崩后的三百年是新梵学的黄金时代。现存梵文学中的大部分内容都是在这个时期完成的。超日王的王朝里有被称为“九宝”的九名大学者。其中最有名的要属举世无双的诗人迦利陀沙、著名的辞书编纂者不朽狮子和近代天文学泰斗伐罗诃密希罗。超日王是雅利安人的救世主。当下仍有很多讴歌其功绩的神话故事。超日王的名字可谓无人不知，无人不晓。继超日王之后出现的明君是戒日王。他因为写了一首关于乘云菩萨的诗而闻名，也因为和高僧玄奘的关系，在佛教史上颇为著名。戒日王朝人才辈出，出现了檀丁、波那、苏般度和婆利睹梨诃利等众多学者。再往后，有名的人物是耶输跋摩王。出现在该王朝的小说家薄婆菩提是古代梵学史上最后一位有名的人。之后，印度进入黑暗时代，没有任何作品流传于世。

在往世书时代初期，名留千古的英杰无着和世亲两兄弟出现了。他们来

---

① 马哈茂德（971—1030），伽色尼王朝君主。——译者注

自印度西北，后来到了中印，提出了著名的有门缘起论[①]——与龙树、提婆的空门缘起论[②]一样闻名于世。此后，有门和空门这两派成为印度佛教的两大门派。两派呈现出势均力敌的壮观态势，使佛教再次大放异彩。其后，在摩揭陀国的那烂陀寺举行的两派的辩论可谓盛况空前，甚至到了要是无法进入那烂陀寺参加辩论就无法称得上是一名佛教学者的程度。再后来，护法、陈那、戒贤等论师继承了有门的衣钵，清辩、智光等论师继承了空门的衣钵。此外，还涌现了一批又一批的优秀人才从事佛教研究，使印度佛教的研究呈现出了空前绝后的态势。佛教理论的发展也在这个时期达到了巅峰。大概是因为婆罗门教的复兴，诱发了佛教的再一次发展，才使佛教在其衰败之前呈现出了最后一次盛况吧。当时在和外道的对论中，只要是有名的学者，都获得了胜利。然而，自阿育王时代以来，因为佛教受到了非常好的保护，多年的弊端也暴露无遗。就像之前婆罗门教进入恒河流域后逐渐呈现出衰败之势一样，到了这个时代，僧侣们创立了大教团。每一座寺院都占用大片土地。他们厌倦化缘，重视仪式，只进行形式上的跪拜祭祀，最终失去了精神的寄托。世间众生都如此。就在这时，婆罗门教吸收采纳了佛教的礼仪，用与以往不同的形态复活了。随即，佛教失去了原有的发展势头。虽然一部分的理论得到了发展，但从各个方面来看，佛教已经呈现出极其衰败的态势。高僧玄奘来到印度时，佛教在印度早就失去了法显来印度之时的盛况。各种荒废的遗迹随处可见。因为义净的攻学只在那烂陀寺范围内进行，所以无法了解当时社会的一般状况。从时代发展的角度来看，义净的攻学算是印度佛教释放出的最后一道光芒了。

虽然婆罗门教的复兴要源于超日王的保护和奖励，但如前所述，婆罗门教成功复兴的最重要的原因是吸收采纳了佛教的礼仪。人们一般都只会提及婆罗门教对佛教的影响，却几乎不提佛教对婆罗门教的影响。这就是人们目光短浅的表现。佛教一开始就没有承认吠陀的权威地位。往世书时代复兴的婆罗门教受到了佛教的影响，表面上继续尊重吠陀，实际上阳奉阴违。当时

---

① 即有宗，主张诸法为“有”的宗派。——译者注

② 即空宗，主张一切皆“空”，般若皆“空”的宗派。——译者注

的婆罗门教并不是吠陀式的，实际上膜拜的是吠陀之外的诸神——主要有梵天、毗纽奴天、尸婆天。此外，吠陀及其他圣典里还有无数无名无实的神。为了对抗佛教，婆罗门教将一般民众也都吸纳进来，并让他们成为骨干。这是婆罗门教成功的一大举措。所以，拥有这一特征的婆罗门教被称为“印度教”，以此来区别于佛教出现前的吠陀教。换言之，佛教出现前的婆罗门教和佛教出现之后的婆罗门教有着天壤之别，不仅是在宗教方面，在天文、数学、法律、哲学等方面也都和最初的以吠陀为基础，为了仪式的顺利进行而发展起来的相关学科有着很大的差别。这个时代的文学和科学是完全不依靠吠陀而独立发展起来的。其内容也很难再被分类到吠陀文化中。以上这些就是佛教对婆罗门教的影响。

改头换面的婆罗门教成功复兴。已经濒于衰败的佛教无论如何都无法与之对抗。再加上在哲学方面，前有大学问家鸠摩罗——声论的集大成者对佛教进行了极其猛烈的抨击，后有大学者商羯罗——吠檀多派的集大成者对佛教进行了体无完肤的痛击。最终，印度的佛教只能苟延残喘。越来越多的佛教徒开始向中国传道。在还没有完全发展起来的时候，佛教又碰上了伊斯兰教的扩张。就这样，佛教几乎覆灭。后来的耆那教中还保留着佛教最后一丝痕迹。从阿育王开始，到 5 世纪的佛教的文化遗产得以保存下来，但其后的东西几乎找不到任何踪迹。与此相反，印度教的寺院从 6 世纪开始逐渐增加，到伊斯兰教徒扩张为止都被保存了下来。由此也能观察到佛教和印度教之间的此消彼长。简而言之，伊斯兰教的扩张不仅给了佛教，也给了婆罗门教乃至印度文明最后的一击。

往世书时代从 450 年左右开始，到 800 年为止，一共经历了三百多年。再往后两百年，印度可以说完全进入了黑暗时代。所以，印度的古文明也好，古国民也好，在 1000 年时就完全从历史上消失了。应该将此后的印度文明当作和古印度文明迥然不同的，一种特殊类型的文明来看待。

所谓黑暗时代，简而言之就是在这个时代没有出现任何君王，没有出现任何天才级别的文学家和科学家。建筑、工艺方面也没有留下任何传世之作。北印的历史陷入了一片死寂，没有留下任何能够考察到当时社会状况的资料。

黑暗时代可以说是印度向近代发展的一个过渡时期。在这两百年里，印度古文明和古国民全部销声匿迹，近代的印度文明和国民正在静静地孕育和成长。所以，一旦这两百年的暗夜被打破，迎接近代的曙光初现，被称为“新一代的拉其普特”的各路诸侯立刻就出现了。这些诸侯割据了北印的各个区域，建立起了各自的王朝，并用虔诚之心信奉印度教。他们自称是太阳王朝和月亮王朝的后裔，并以纯正的刹帝利自居，在所到之处建起了寺庙，以此来保护僧侣。近代的僧权过度膨胀所带来的弊端就是在这个时期开始显现的。在伊斯兰教统治的七百年间，印度教钻了国民还没有完全恢复元气这一空隙，大肆扩张僧侣的权力，最终因为权力过度膨胀导致种种弊端出现。腐败至极、充斥着迷信的近代印度教可以说毫无研究价值可言。

专有名词英汉对照

Civilization in Ancient India	《古印度文明》
The Indian Empire	《莫卧儿帝国》
Indian Wisdom	《印度智慧》
The History of India Literature	《印度文学史》
Classical Dictionary of Hindu Mythology	《印度神话词典》
The Religions of India	《印度宗教》
The Six Systems of Indian Philosophy	《印度哲学的六大系统》
Buddhism	《佛教》
Dialogues of the Buddha	《佛学对话录》
Buddha	《佛学》
Gautama	《乔达摩》
Alexander	亚历山大大帝
Veda	吠陀
Savitri	日天
Upanishads	奥义书
Schopenhauer	叔本华
Celtic	凯尔特人
Slav	斯拉夫人
Teuton	日耳曼人
Pythagoras	毕达哥拉斯
Samkhy	数论派
Vedanta	吠檀多派
Mahabharata	《摩诃婆罗多》
Ramayana	《罗摩衍那》

Arjuna	阿周那王子
Rama	罗摩王子
Shakespeare	莎士比亚
Kalidasa	迦梨陀娑
Sakuntala	《沙恭达罗》
Jataka	《本生经》
Panchatantra	《五卷书》
Hitopadesa	《嘉训》
Jean de La Fontaine	让・德・拉・封丹
Gandhara	犍陀罗
Darius	大流士
Macedon	马其顿
Asoka	阿育王
Royal Asiatic Society of Bengal	亚洲学会
Sacreb Books of the East	东方圣典丛书
Bibliotika Indika	印度古学丛书
Max Muller	麦克斯・穆勒
Megasthenes	麦加斯梯尼
Magadha	摩揭陀国
Abel Remusat	阿贝尔・雷米萨
Warren Hastings	沃伦・黑斯廷斯
William Jones	威廉・琼斯
Henry Thomas Colebrooke	亨利・托马斯・科尔布鲁克
Horace Hayman Wilson	贺拉斯・海曼・威尔逊
Vishnu Purana	《毗湿奴往世书》
Eugène Burnouf	欧仁・比尔努夫
Brian Houghton Hodgson	布莱恩・霍顿・霍奇森
Nepaul	尼泊尔
James Princep	詹姆斯・普林赛普
Kashgar	喀什
Kashmira	克什米尔
Kanouj	根瑙杰
Panchala	般阇罗族

Christian Lassen	克里斯蒂安・拉森
Franz Bopp	弗朗兹・博普
Brothers Grimm	格林兄弟
Wilhelm von Humboldt	威廉・冯・洪堡
Rig-veda	《梨俱吠陀》
Friedrich Rosen	弗里德里希・罗森
Rudolf von Roth	鲁道夫・冯・罗特
Atharva-veda	《阿闼婆吠陀》
Albrecht Friedrich Weber	阿尔布雷希特・弗里德里希・韦伯
White Yajvur-veda	《白夜柔吠陀》
Theodor Benfey	特奥多尔・本费
St. Petersburg Dictionary	《梵文大辞典》
Otto von Böhtlingk	奥托・冯・伯特林克
John Muir	约翰・缪尔
Adalbert Kuhn	阿达尔贝特・库恩
Georg Bühler	格奥尔格・比勒
George Frederick William Thibaut	乔治・弗雷德里克・威廉・蒂鲍特
Alexander Cunningham	亚历山大・卡宁厄姆
James Burgess	詹姆斯・伯吉斯
James Fergusson	詹姆斯・弗格森
Csoma Korosi	乔莫・克勒希
Emil Schlagintweit	埃米尔・施拉京特魏特
Philippe Édouard Foucaux	菲利普・爱德华・福克斯
Franz Anton Schiefner	弗朗茨・安东・席夫纳
Wassiljiew	王西里
William Woodville Rockhill	威廉・伍德维尔・柔克义
Laurence Austine Waddell	劳伦斯・奥斯汀・瓦德尔
Samuel Beal	塞缪尔・比尔
Hermann Oldenberg	赫尔曼・奥尔登贝格
Rhys Davids	李斯・戴维斯
Johan Hendrik Caspar Kern	约翰・亨德里克・卡斯帕・克恩
Spence Hardy	斯彭斯・哈迪
Bharata	婆罗多族

Paul Ambroise Bigandet	保罗·安布鲁瓦兹·毕冈迭特
Pali	巴利语
Samskrit	梵语
Srong-btsan-sgam-po	松赞干布
Samvat Era	三越纪元
Saka Era	塞纪元
Kanishka	迦腻色迦一世
Vikramaditya	超日王
Malava	摩腊婆
Andhra	安达罗王国
Gupta Dynasty	笈多王朝
Puranas	往世书文学
Siladitya	戒日王
Sankaracharya	商羯罗
Kumarila Bhatta	鸠摩罗
Panjab	旁遮普
Sutlej	萨特莱杰河
Brahman	婆罗门
Aryan	雅利安
Pati	保护人
Vispati	抚养人
Raja	光荣领袖
Asura	阿修罗
Mantra or Samhit	赞歌
Brahmana	神传
Yajush	《夜柔吠陀》
Rishi	仙人
Dyaus	帝奥斯
Varuna	伐楼那
Aditi	阿底提
Surya	苏利耶
Savitri	娑维特丽
Pandavas	般度五子

Pushan	普善
Vishnu	毗湿奴
Ushas	乌莎斯
Asvins	阿须云
Dyava-Prithizi	天地
Bhaga	跋伽
Brahma	梵天
Siva	湿婆天
Indra	因陀罗
Maruts	摩录多
Vayu	伐由
Rudra	楼陀罗
Agni	火神
Vritra	乌里特那
Panis	帕尼族
Sarama	神犬
Bilu	比卢
Troyan War	特洛伊战争
Agni	阿格尼
Soma	苏摩
Prithivi	普利提维
Yama	阎摩
Sarasvati	萨拉斯瓦蒂
Brihaspati	布瑞哈斯帕提
Purusha	普鲁沙
Yami	阎蜜
Durga	杜尔迦
Kali	迦梨
Lakshmi	拉克希米
Viraj	遍照者
Sudra	首陀罗
Katenotheism	更替神教
Aitareya-aranyaka	《爱达罗氏森林书》

Gritsamada	格里萨摩闼
Visvamitra	毗奢密多罗
Vamadeva	婆摩提瓦
Bharadvaja	巴拉瓦伽
Vasishtha	婆悉多
Kanva	卡瓦
Angiras	鸯耆罗
Sudas	大善见王
Matsya Purana	《鱼往世书》
Sulaiman	苏莱曼
Sarasvai	沙罗室伐底河
Ganga	恒河
Yamuna	亚穆纳河
Kshatriya	刹帝利
Vipra	维富罗
Visvavara	毗婆罗
Visvavasu	毗婆薮
Gandharva	乾闼婆
Prajapati	造物主
Aryaman	阿厘耶门神
Turanian	突雷尼
Dasas	蛮族
Kutsa	库萨
Kuru	俱卢
Panchala	般阇罗
Kosala	拘萨罗
Kasi	迦尸
Videha	毗提诃
Janaka	遮那竭
Yamuna	亚穆纳河
Vindhya	温迪亚山脉
Aitareya-Brahmana	爱达罗氏梵书
Kauravas	持国百子

Vasa	婆蹉
Usinara	乌斯纳罗
Ajata'satru	阿阇世王
Samraj	全能之王
Anga	鸯伽
Uttara-Kuru	北俱卢
Uttara-Madra	北摩突罗
Viraj	维拉杰
Rajputana	拉吉普塔纳
Bhil	比尔
Chumbal	昌巴尔河
Bhoja	波荷加
Andhra	安德拉
Madhya-desha	中印
Aranyakas	森林书
Adhvaryu	司仪祭司
Udgatri	颂神祭司
Hotri	祈神祭司
Brahman	监察祭司
Satapatha-Brahmana	《百道梵书》
Atharva-veda	《阿闼婆吠陀》
Chhandogya-upanishad	《歌者奥义书》
Angiras	鸯耆罗
Aitareya and Kaushitaki	《海螺氏梵书》
Taittiriya	《泰帝利耶梵书》
Gopatha	《牛道梵书》
Sankaracharya	商羯罗大师
Sruti	《天启》
Rajendralala Mitra	毗奢密多罗
Pindapitri-yajn	祖先祭
Agni-hotra	圣火祭
Chaturmasya	四个月祭
Agni-shtom	奉献神酒式

Raja-suya	即位式
Asvamedha	马祭
Agni-adhana	燃火式
Manu	摩奴
Rudra	楼陀罗
Pasupati	育兽者
Samkara	恩惠者
Siva	慈悲者
Isana or Mabadeva	摩诃提婆
Ghora Angirasa	鸯耆罗仙人
Satyakama Jabala	萨底亚羯摩・茶葩勒仙人
Yajnavalkya	耶若婆佉仙人
Maitreyi	弥勒薏
Nachiketas	纳基凯达
Svetaketu Aruneya	施伟多凯徒・阿奎涅耶
Somasushma Satyayajin	索玛苏希玛・萨蒂亚亚吉恩
Pravahana Jaivali	般婆赫拿茝芭蓠
Uddalaka Aruni	郭达罗伽・阿伦尼
Asvapatikaikeya	阿施波泊底・凯瓶夜王
Chitra	奇特拉王
Balaki	跋梨格
Varanasi	瓦拉纳西
Delhi	德里
Rantinara	兰蒂那拉
Vatsa	瓦察
Jyamagha	贾马加
Tansu	坦苏
Ritadhvaja	里塔德瓦亚
Vidarbha	维达尔巴
Anila	阿尼拉
Alarka	阿拉尔卡
Kratha	克拉塔
Dushyanta	豆扇陀

Hastinapura	象城
Pandava	般度族
Drona	德罗纳
Kauravas	持国族
Karna	迦尔纳
Svayambara	选婿大会
Kampilya	坎毗拉
Indraprastha	因陀罗普拉沙
Duhsasana	难降
Virata	毗罗吒
Kurukshetra	俱卢之野
Meru	须弥山
Bhagavatgita	《薄伽梵歌》
Nala	那罗王
Hari	哈日
Harivamsa	哈日传奇
Vyasa	毗耶娑仙人
Sadanira(Gunduck)	甘达基河
Kosala	拘萨罗族
Dsaratha	十车王
Ayodhya	阿约提亚
Kausalya	高莎莉亚
Kaikeyi	吉迦伊
Lakshmana	罗什曼纳
Satrughna	沙出格纳
Sumitra	苏米特拉
Sita	悉多
Prayaga	波罗那伽
Bharadvaja	巴拉瓦伽
Chitrakuta	奇特拉库特
Valmiki	蚁垤
Godavari	哥达瓦里河
Dandaka	檀特山

Ravana	鬼王罗波那
Lanka	楞伽岛
Bali	波林
Sugriva	苏格里瓦
Hanuman	哈奴曼
Indrajit	因陀罗耆特
Bibhisana	维毗沙纳
Lava	俱舍
Kusa	罗婆
Parasu Rama	持斧罗摩
Ikshvaku	甘蔗王
Vishnu Purana	《毗湿奴往世书》
Yadu	雅度
Puru	布卢
Krishna	奎师那
Vayu Purana	《伐由往世书》
Kavasha	卡瓦沙
Satyakana Jabala	萨塔亚卡纳·贾巴拉
Vitahavya	比多贺毗耶仙人
Bhrigu	婆利古仙人
Itihasa Purana	《如是所说往世书》
Pitrya	《祖先的祭法》
Anu Vyakhyanas	语汇学
Vyakhyanas	注释学
Slokas	音韵学
Gathas	颂学
Deva Vidya	语源学
Brahma Vidya	音律学
Nakshatra Vidya	天文学
Vakovakya	论理学
Ekayana	伦理学
Maharashtra	马哈拉施特拉
Yaska	耶斯迦

Painni	帕尼尼
Saurashtra	绍拉斯彻国
Kalinga	羯陵伽国
Baudhayana	包德哈亚那
Kalakavana	卡拉卡瓦那
Himalaya	喜马拉雅
Sindh	信德
Gujrat	古吉拉特
Deccan	德干
Behar	比哈尔
Bengal	北孟加拉
Apastamba	阿帕斯塔姆巴
Chola	朱罗
Chera	哲罗
Pandya	潘地亚
Seleucus	塞琉古一世
Patna	华氏城
Chandragupta	月护王
Pythagoras	毕达哥拉斯
Herodotus	希罗多德
Vijaya	毗阇耶
Vayu	《伐由往世书》
Bhagavata	《薄伽梵往世书》
Parikshit	继绝王
Yudhisthira	坚战王
Ripunjaya	里蓬贾亚
Pulika	普利卡
Pradyotan	波罗迪约多
Mahapadma	大莲
Kautilya	考底利耶
Mudrarakshasa	《大臣罗刹沙和他的指环》
Kalpa-sutra	《劫波经》
Srauta-sutra	《闻经》

Dharma-sutra	《法经》
Grihya-sutra	《家经》
Jyotisha	《树提经》
Siksha	《式叉经》
Chhandas	《阐陀经》
Nirukta	《尼禄多经》
Samkhya	数论学派
Kapila	迦毗罗
Yoga	瑜伽派
Patamjali	帕坦伽利
Nyaya	正理派
Gautama	乔达摩
Vai'seshika	胜论派
Kanada	迦那陀
Mimamsa	弥曼差派
Jaimini	阇伊弥尼
Vedanta	吠檀多派
Badarayana	跋陀罗衍那
Mahavira	大雄
Sakyamuni	释迦牟尼
Apastamba	阿帕斯檀跋派
Sulva-sutra	《绳法经》
Nidan-sutra	《缘经》
Yaska	耶斯迦
Charvaka	顺世外道
Madhava	摩达婆
Jainism	耆那教
Descartes	笛卡尔
Bacon	培根
Luther	路德
Vasishtha	婆悉多
Baudhayana	磐达耶那
Sannati	桑纳蒂

Suta	苏塔
Magadha	摩揭陀
Chandala	旃陀罗
Murdhavasikta	穆尔达瓦希克塔
Dhivara	迪瓦拉
Paulkasa	补羯娑
Bhrigyakantha	布里加坎塔
Mahishya	马赫什亚
Karana	卡拉纳
Sakipputriya Sramans	释子沙门
Brahmachari	梵行期
Grihastha	家居期
Vanaprastha	林栖期
Sanyasi	遁世期
Snataka	家居生
Bhikshu	比丘
Brahma marriage	梵婚
Daiva marriage	神婚
Arsha marriage	古婚
Gandharva marriage	自由婚
Kshatra or Raksha marriage	武婚
Manusha or Asura marriage	魔婚
Prajapatya marriage	帝婚
Paisacha marriage	鬼婚
Sraddha	祖先祭
Parvana	新月满月祭
Sravani	蛇祭
Sravani	斯拉瓦尼月
Asvayugi	因陀罗祭
Asvayugi	阿斯瓦尤吉月
Lakshmi	吉祥天
Agrahayani	年祭
Agrahayani	阿拉哈亚尼月

Ashtaka	冬祭
Chaitri	四月祭
Chaitri	沙伊特里月
Kapila	迦毗罗
Panchasikha	般遮尸诃
Asuri	阿修利
Brihad-aranyaka	《广林森林书》
Sveta'svata-upanishad	《白骡奥义书》
Nyaya	尼耶也
Sattva	喜性
Rajas	忧性
Tamas	黯性
Soma	月神
Yakshas	夜叉
Rakshas	罗刹
Pisachas	沙神
Paamjali	波颠阇利
Gonika	俱尼迦
Kashmira	迦尸弥罗国
Gonarda	俱那陀
Kathaka-upanishad	《羯陀奥义书》
Katyayana	迦旃延
Samadhi Pada	禅定
Sadhana Pada	修炼
Vibhuti Pada	神通
Kaivalya Pada	解脱
Dharana	入坚固
Dhyana	入禅
Samadhi	入定
Samyama	三耶摩
Tantric	坦特罗派
Gnosticism	诺斯替主义
Purusha	神我

Isvara	自在天
Akshapada	足目仙人
Atreya	阿提耶
Badari	巴达里
Aitisayana	阿伊季萨亚纳
Karma-Mimamsa	行思惟派
Windischman	温迪奇曼
Suka	苏卡
Gaudapada	乔荼波陀
Govindanatha	乔频陀
Monier Williams	莫尼尔・威廉姆斯
Purana Kassapa	往世书迦叶
Makkhali Gosala	末伽黎拘舍梨
Ajita Kesa kambala	阿夷多翅舍钦婆罗
Pokudha Kaccahayana	波浮陀迦旃延
Sanjana Belatthaputta	散惹耶毗罗梨子
Nigantha Nataputta	尼干陀若提子
Madhava	摩达婆
Agnihotra	圣火祭祀
Kundagrama	君陀村
Trisa	特里萨
Bhagavat	薄伽梵
Arhata-darsana	不生论派
Pava	波婆村
Svetambaras or Muktambaras	白衣派
Digambaras or Vivasanas	裸体派
Koliyans	拘利族
Sakyas	释迦族
Kapliavastu	迦毗罗卫
Suddhodana	净饭王
Suprabuddha	善觉长者
Bimbisara	频婆沙罗
Rajagriha	王舍城

Champa	瞻波国
Lichchhari	离车族
Kosala	憍萨罗国
Prasenajit	波斯匿王
Ayodhya	阿约提亚
Luwbini	蓝毗尼园
Arada	阿罗罗
Udraka	郁陀罗
Uruviva	苦行林
Niranjara	尼连禅河
Yasa	耶舍
Sariputra	舍利弗
Maudgalaputra	目犍连
Mahakasyapa	摩诃迦叶
Rahula	罗睺罗
Aniruddha	阿尼卢陀
Ananda	阿难
Devadatta	提婆达多
Bhaddiya	跋提
Bhagu	跋谷
Kimbila	金毗罗
Upali	优波离
Sudatta	须达长者
Vaisali	毗舍离
Ajatasatru	阿阇世
VIruddhaka	毗卢离太子
Kusinagara	拘尸城
Thera-gatha	《长老偈经》
Sunita	须尼提
Kumbhanda	鸠盘荼
Malukyaputta	蔓童子
Pancha Sila	五戒
Ashtanga Sila	八戒

Dasa Sila	十戒
Mahinda	摩哂陀
Digha Nikaya	《长阿含经》
Majjhima Nikaya	《中阿含经》
Samyutta Nikaya	《杂阿含经》
Anguttara Nikaya	《增一阿含经》
Khuddaka Nikaya	《小阿含经》
Khuddaka-patha	《小经》
Dhammapada	《法句经》
Udana	《自说经》
Itivuttaka	《本事经》
Sutta-nipata	《尼波多经》
Vimana-vatthu	《毗摩那》
Peta-vatthu	《卑多》
Thera-gatha	《长老偈》
Theri-gatha	《长老尼偈》
Jataka	《本生经》
Nidessa	《尼弟娑》
Pati-sambhida	《波致参毗陀》
Apadana	《譬喻经》
Buddha-vamsa	《佛种姓经》
Chariya-pitaka	《若用藏》
Patimokkha	《解脱戒本》
Khandakas	《犍度》
Parivara-patha	《巴利婆罗》
Dhamma Sanga	《法集论》
Vibhanga	《分别论》
Katha-Vatthu	《论集》
Puggala-panuatti	《身性论》
Dhatukatha	《界论》
Yamaka	《双心论》
Patthana	《生起论》
Antiochos II	安条克二世

Antigonos Gonatas	安蒂哥鲁斯·哥纳塔斯
Cyrene	昔兰尼
Magas	马加斯
Epirus	伊庇鲁斯
Sunga and Kanva	甘婆王朝
Orissa	奥里萨
Yu-chi	月氏族
Kashgar	喀什噶尔
Yarkand	莎车
Mahmud	马哈茂德
Kalidasa	迦利陀沙
Amarasimha	“不朽狮子”
Varahamihira	伐罗诃密希罗
Siladitya	戒日王
Dandin	檀丁
Banabhatta	波那
Subandhu	苏般度
Bhartrihari	婆利睹梨诃利
Yasovarman	耶输跋摩王
Bhavabhuti	薄婆菩提
Nalanda-vihara	那烂陀寺
Dharmapala	护法
Jina	陈那
Silabhadra	戒贤
Bhavaviveka	清辩
Jnanaprabha	智光
Vishnu	毗纽奴天
Siva	尸婆天
Rajputs	拉其普特
Aitareya-bra	《爱达罗氏梵书》
Aitareya-up	《爱达罗氏奥义书》
Sama-veda	《娑摩吠陀》
Tandya-bra	《二十五梵书》

Kena-up	《由谁奥义书》
Shadvinsa-bra	《二十六梵书》
Chhandogya-bra	《耶摩尼梵书》
Gopatha-br	《牛道梵书》
Mundaka-up	《剃发奥义书》
Prasna-up	《六问奥义书》
Mandukya-up	《蛙氏奥义书》
Chandra-Vansa	月亮王朝
Budha	水星神布陀
Pururavas	洪呼王
Yadava	雅达瓦王朝
Paurava	保拉法王朝
Kasi	迦尸王朝
Kshatravriddha	克沙特拉夫里德哈
Kroshtu	克罗什图
Janamejaya	阇那弥阇耶
Suhotra	苏霍特拉
Vrijinivat	维里伊里瓦特
Prachinvat	波罗耆恩般
Kasa	卡萨
Svahi	斯瓦希
Pravira	波罗毗罗
Kasiraja	卡西拉亚
Rushadgu	鲁萨古
Manasyu	马纳苏
Dirghatamas	迪尔加塔马斯
Chitraratha	奇特拉塔
Abhayada	阿巴亚达
Dhanvantari	丹万塔里
Sasabindu	萨萨宾杜
Sudyumna	苏杜尤姆纳
Ketumat	凯图马
Prithusravas	普里图斯拉夫

Bahugava	波胡毗陀
Bhimaratha	比马拉塔
Tamas	塔马斯
Samyati	商耶底
Divodasa	德罕温塔里
Usanas	乌萨纳斯
Ahamyati	罗胡婆底
Pratardana	普拉塔达纳
Siteyus	西特厄斯
Raudrasva	鲁陀罗湿婆
Dyumat	迪乌马特
Ruchaka	鲁查卡
Riteyu	里泰尤
Satrujit	萨特鲁吉特
Paravrit	帕拉夫里特